新时代，动出彩：
全民健身多维研究

高 琦 刘 琼 ◎ 著

吉林大学出版社
·长 春·

图书在版编目（CIP）数据

新时代，动出彩：全民健身多维研究 / 高琦, 刘琼著. — 长春：吉林大学出版社, 2020.1
ISBN 978-7-5692-6107-3

Ⅰ. ①新… Ⅱ. ①高… ②刘… Ⅲ. ①全民健身—研究—中国 Ⅳ. ① G812.4

中国版本图书馆 CIP 数据核字（2020）第 023479 号

书　　名	新时代，动出彩：全民健身多维研究 XINSHIDAI, DONG CHUCAI：QUANMIN JIANSHEN DUOWEI YANJIU
作　　者	高琦　刘琼　著
策划编辑	孟亚黎
责任编辑	周　鑫
责任校对	赵雪君
装帧设计	马静静
出版发行	吉林大学出版社
社　　址	长春市人民大街 4059 号
邮政编码	130021
发行电话	0431-89580028/29/21
网　　址	http://www.jlup.com.cn
电子邮箱	jdcbs@jlu.edu.cn
印　　刷	北京亚吉飞数码科技有限公司
开　　本	787mm×1092mm　1/16
印　　张	16.25
字　　数	214 千字
版　　次	2021 年 3 月　第 1 版
印　　次	2021 年 3 月　第 1 次
书　　号	ISBN 978-7-5692-6107-3
定　　价	76.00 元

版权所有　翻印必究

前 言

新时期,全民健身上升为国家战略,在全国范围内广泛开展、有序推进,这是我国社会发展的必然,充分反映了人民群众对健康美好生活的追求,也表现出国家对人民群众这一美好诉求的支持。随着我国社会经济的不断发展,我国的社会矛盾发生了明显的变化,人们对生活质量的要求日益提高,同时,关注民生、关注国民体质健康是我国进一步实现国富民强的重要和有效措施。

当前,健康观念深入人心,但现阶段,虽然我国社会大众对全民健身已经有了一个广泛的浅层认知,但真正参与全民健身的体育人口在全国人口中还是一少部分,很多人都认识到了健康的重要性,却没有切身参与到全民健身中来,社会大众的全民健身参与还需要进一步的科学认知和实践指导的推进,《新时代,动出彩:全民健身多维研究》一书,旨在在分析我国全民健身当前发展的基础上,结合大众健身需求,引导大众科学认知全民健身、科学参与全民健身,以进一步推动我国全民健身的持续深入开展。

全书共八章,从理论和实践两个层面入手对全民健身进行了系统深入的研究。前四章为全民健身理论研究。第一章为全民健身概述,全面阐述了全民健身的背景与地位、概念与内容分类,并就当前我国的国民体质健康监测情况和国民体质现状、全民健身日进行了详细介绍;第二章为全民健身的政策导向与社会深度发展,对新时期我国在推广、普及、实施全民健身战略方面的相关政策进行了深入解读,对当下我国全民健身的社会化路径建设进行了研究,并专门就全民健身的推广、组织与管理进行了分析,指出了具体可行的措施;第三章为新时代全民健身的多维创新发展,结合当前社会发展就全民健身与和谐社会构建进行了深入解析,并结合多元体育文化形态,分别就全民健身与竞技体育的协调统一发展、全民健身与学校体育的相互促进发展、全民健身背景下的社会体育产业与市场发展进行了分析探讨;第四章从健身学科理论基础、疲劳恢复、营养保健、伤病处理四个方面就全民健身理论体系的科学构建进行了研究。第五章至第八章为全民健身项目内容与方法实践指导研究。第五章为全民健身走、健身跑、健身跳的基础项目健身指导;第六章为全民时尚操舞健身,涉及健美操、体育舞蹈、广场舞、瑜伽、普拉提等健身项目;第七章为全民户外休闲健身,包括高尔夫、沙滩排球、登山、山地自行车、攀岩、潜水、轮滑、滑冰、滑雪等户外多类型的休闲健身运动项目;第八章为全民传统体育健身,包括武术基本功与基本动作健身练习,太极拳与太极扇为代表的太极养生项目,以舞龙、舞狮为代表的传统民俗节庆活动,以及风筝、毽球等我国民族传统体育项目。

本书逻辑清晰、内容丰富,力求达到学术研究和健身指导双重价值,在撰写过程中突出了以下特点。

第一,科学研究,逻辑清晰。本书对全民健身的研究以全民健身基础理论为基础和指导,对全民健身展开的各方面研究也均建立在科学理论知识之上,研究科学,在章节安排上逐层深入、逻辑清晰。

第二,注重创新,结合实际。本书的第二章与第三章为全书的重点章节,充分结合了新时期我国的社会发展现状,就全民健身战略实施的宏观政策情况、国民体质监测情况以及新时期全民健身的科学可持续发展、全民健身与多元体育形态的相互影响与相互促进发展进行了深入研究,体现了本书全民健身研究与当下社会热点的协同、与社会政策的思想一致、与时代发展的契合。

第三,内容丰富,指导性强。本书对全民健身实践部分的研究充分考虑了社会大众对于在全民健身中的多元化、多样性的健身需求,通过不同类型的全民健身项目分类,分别就不同类型的全民健身项目内容与方法进行了全面、细致的阐析,内容丰富、图文并茂,便于不同健身者参照学练,以促进每个健身者都能顺利开展健身活动并获得良好的健身效果。

在撰写过程中,本书参考和借鉴了许多学者在全民健身方面的研究资料,在此向其作者表示诚挚的谢意。由于时间和精力有限,书中难免会有遗漏错误之处,恳请广大读者批评指正。

作　者

2019年9月

目 录

第一章　全民健身概述 …………………………………… 1
第一节　全民健身的背景与地位 …………………………… 1
第二节　全民健身的概念与内容分类 ……………………… 8
第三节　国民体质健康监测 ………………………………… 13
第四节　全民健身日 ………………………………………… 24

第二章　全民健身的政策导向与社会深度发展 ………… 27
第一节　全民健身相关政策解读 …………………………… 27
第二节　全民健身的社会化路径建设 ……………………… 45
第三节　全民健身的推广、组织与管理 …………………… 50

第三章　新时代全民健身的多维创新发展 ……………… 57
第一节　全民健身与和谐社会构建 ………………………… 57
第二节　全民健身与竞技体育的协调统一发展 …………… 68
第三节　全民健身与学校体育的相互促进发展 …………… 71
第四节　全民健身背景下的社会体育产业与市场发展 …… 74

第四章　全民健身理论体系的科学构建 ………………… 79
第一节　全民健身的学科理论基础 ………………………… 79
第二节　全民健身的疲劳恢复 ……………………………… 92
第三节　全民健身的营养保健 ……………………………… 96
第四节　全民健身的伤病处理 ……………………………… 100

第五章　全民走、跑、跳基础健身 ……………………… 109
第一节　健身走 ……………………………………………… 109
第二节　健身跑 ……………………………………………… 113
第三节　健身跳 ……………………………………………… 121

第六章　全民时尚操舞健身 …………………………………… 136
第一节　健美操 ……………………………………………… 136
第二节　体育舞蹈、广场舞 ………………………………… 147
第三节　大众时尚形体健身 ………………………………… 159

第七章　全民户外休闲健身 …………………………………… 172
第一节　户外球类休闲健身 ………………………………… 172
第二节　户外山水休闲健身 ………………………………… 184
第三节　户外冰雪休闲健身 ………………………………… 199

第八章　全民传统体育健身 …………………………………… 210
第一节　武术基础健身 ……………………………………… 210
第二节　太极养生项目健身 ………………………………… 218
第三节　民俗节庆活动健身 ………………………………… 236
第四节　其他传统体育项目健身 …………………………… 239

参考文献 ………………………………………………………… 244

第一章　全民健身概述

全民健身,是新时期我国重要的国家战略之一,是我国当前社会发展的一个重要社会热点和发展方向,也是我国体育事业各方面发展的一个重要社会背景,体育各方面的发展都要以全民健身为基础,只有把握好这个基础才能更有针对性地制定科学发展策略。全民健身是整个社会和体育发展的重要研究课题,具有重要的研究意义。本章就对全民健身展开全方位的论述与研究,解析全民健身的背景与社会地位,阐析全民健身的概念与内容分类,并就当前我国国民体质健康监测概况、全民健身日进行深入研究,以为运动健身爱好者全面了解全民健身提供理论指导。

第一节　全民健身的背景与地位

一、全民健身的背景

(一)全民健身的国际背景

在国际范围内,关注大众健康是在20世纪50年代开始的。二战以后,各国社会经济逐渐恢复,各方面的发展促进了各个国家和地区对本国家和地区大众体育发展的重视,大众健康逐渐走进公众视野,社会大众体育逐渐成为国际体育的发展潮流。

各个国家和地区对大众健康的重视主要是基于以下几方面的发展。

（1）科技和生产力发展,大众休闲时间增多。

（2）生产力发展,大众劳动强度和劳动时间减少,运动不足,各种文明病高发。

（3）经济发展,饮食结构变化,国民营养过剩和营养不良同时困扰着大众健康。

（4）为缓和社会矛盾,政府开始关注人民生活质量,注重大众健康。

国际上对民众健康发展的关注和重视是逐步深入的,从20世纪中期到现在,通过国际间的体育健康组织的先后建立和各种健康文化交流与合作,国际范围内的大众健康事业发展迅速,并日益得到重视,关注民众健康成为全人类发展的一个重要课题。

1985年,国际奥委会设立了"大众体育委员会"。旨在促进大众体育在各国,尤其是在发展中国家的发展。

1986年,第1届"世界大众体育大会"在德国的法兰克福召开,此后每两年举办1次。推动了国际上对大众体育发展的重视。为传承奥运精神,推动北京全民健身发展,经过申请,北京获得2011年第14届世界大众体育代表大会的举办权,第14届世界大众体育代表大会在北京顺利举办,极大地丰富了大众体育的内涵,也促进了我国大众体育的进一步发展。

1989年在加拿大多伦多举行的第11届世界健康大会调查表明,世界上有89个国家提出了大众体育的目标。1990年5月,芝加哥举行世界大众体育健康与营养大会,这时,世界范围内发展大众体育的国家已近100个。

1993年6月,国际奥委会和世界卫生组织在洛桑签订了双方合作备忘录,指出"双方合作的核心,是全民体育和全民健身"。

1994年,世界卫生组织开始与国际奥委会一起资助和组织"国际大众体育联合会"。同年,第5届世界大众体育大会在乌拉圭举行,主题是"大众体育与健康",大会宣言指出:"通过体育活动促进和平、健康,提高生活质量的目的",提出"2000年体育为人人,健康为人人"的口号。

1996年起,随着联合国教科文组织、国际体育联合会总会的加入,"世界大众体育大会"在国际上的影响力日渐增大,成为国际范围内各个交流国家健康事业发展的重要场所。

2002年,世界卫生日"运动有益健康"的口号,大众体育健康得到了越来越多国际组织的关注。

2016年,世界大众体育网络运动总会(简称世界大众体育,WMSIA)在我国香港成立,旨在推动世界各国家和地区人民的健康交流与发展,促进人类的文明、和平发展。

近两年,国际间的大众健康交流日益增多,各国和地区都非常重视本国和地区的大众健康发展,整个社会已对体育的功能、价值等方面形成了全新的认识,并极大地影响了世界大众体育的发展。世界体育发展正在经历着一种质变。

(二)全民健身的国内背景

中华人民共和国成立后,我国重视国民健康发展,采取了各种措施推动社会体育的发展,以促进大众健康发展。

改革开放后,随着全体国民生存状态的日益改善和生活水平的不断提高,必将使得国民的工作状态和休闲状态逐步分离。五天工作制、日益增多的节假日、带薪休假制等法律法规的出台和日益规范,不断改变着国民的工作观和休闲观。缩短的工作时间要求有高效的工作业绩和工作质量,国民的体质状况、健康状态和身体素质成为适应大强度的工作压力的基本要求和重要保障。国民健康发展问题成为社会发展的重要课题。

1984年,在改革开放后发展体育经验的基础上,我国发布了《关于进一步发展体育运动的通知》,指出我国未来体育发展的指导思想、主要任务和科学举措。

1995年,我国颁布《中华人民共和国体育法》(以下简称《体育法》),从法律层面切实保障了人民群众参与体育的权利。

进入21世纪以后,全民健身比20世纪更大范围地走进我国国民的生活视野,走进更多的家庭、走进更多人群、走进更多人的主流生活。全民健身、休闲体育成为我国阻挡"现代文明病""办公室疾病""肌肉饥饿与运动不足病"的重要良方和强大武器。

2000年,我国颁布《2000—2010年体育改革与发展纲要》,确定了未来十年体育产业发展与改革目标,强化了体育产业的地位。

2014年,《国务院关于加快发展体育产业促进体育消费的若干意见》颁布指出,"将全民健身上升为国家战略"。

2016年,是我国体育发展非常快速的一年,这一年,国家颁布了更多的指导性文件来引导和规范我国全民健康的发展。如《全民健身计划(2016—2020)》,指出要深化体育改革、发展群众体育、建设"健康中国";《青少年体育"十三五"规划》,强调加强青少年体育、发展体育人才、建设体育强国;《"健康中国2030"规划纲要》,指出要发展群众体育产业,促进全民健身与全民健康的深度融合。

新时期,大众健身运动成为当下人民群众生活的一部分重要内容,并在国家多项政策和惠民措施的实施下,全民健康观念逐渐建立,全民健身深入人心,参与体育锻炼成为人民追求时尚的标志,成为人民群众日常生活中非常重要的一部分内容。

2018年9月16日,第38届北京马拉松约10万人齐开跑,成为一道亮丽的城市风景。从1981年的首届北马参赛人数不足百人到超过十万人参加,民众对马拉松的积极参与是我国全民健身热潮的一个真实写照。

当前,我国开展全民健身具有良好的政策和社会群众基础。

二、全民健身的地位

（一）社会地位

1. 提高百姓生活质量

运动能给人带来快乐。男女老少参与体育健身锻炼均能体会到健身的运动乐趣。年龄较长的人参与体育锻炼可以适当降低强度和时间,其目的在于通过体育锻炼活动身体,多多排汗,而年轻人参与体育锻炼可以充分体验到运动的刺激、活力、青春洋溢。

在我国全民健身计划实施和建设"健康中国"的社会背景下,我国大众健身路径不断完善,在公园、广场等健身场所,人们积极参与体育锻炼,享受运动带来的青春活力和大汗淋漓,在运动中感到兴奋和愉快。即便是体育活动的观赏者,也都沉浸在运动的兴奋和快乐中。

当前我国大众生活水平有了大幅度的提高,越来越多的人开始重视生活质量的提高,体育运动健身锻炼能增强体质、健身健心、增进社会交往,是提高人民生活水平和质量的重要和有效途径。

2. 增进国民体质

积极参与体育运动健身对运动者身体机能和身体素质的提高与发展均具有重要的作用,因此,长期坚持体育锻炼,能有效提高身体免疫力,避免疾病的入侵。

长期科学参与体育健身锻炼可提高健身者的生理机能和对内外环境的适应能力,可改善身体素质,全面增强体质健康。具体分析如下。

生理机能改善方面。首先,体育锻炼能充分提高呼吸系统的通气与换气功能,体育锻炼是一项有氧健身体育运动,体育锻炼的练习有利于健全与完善人体的呼吸系统,使呼吸系统的构造和功能向良好的方向转变,能有效促进机体的肺通气量和换气效率的提高,进而可提高运动者的呼吸系统机能。其次,体育运动参与可令运动者的心脏变得更加的强壮有力,能促进心脏的心肌的发育和发展,促使心脏储备力量的提高。在体育锻炼中,随着身体活动的持续开展,心脏的工作量也会有所增加,如此才能满足机体的血氧需求。因此,在运动中可实现心脏的生理适应,加快心肌血氧代谢,增加每分输出量和每搏输出量。再次,体育锻炼的健身参与,可以使得运动者的机体有机会获得比不经常运动或者经常处于安静状态下更多的血氧、营养供应,体育锻炼期间运动者所参与的各项身体活动对人体血液循环的改善还能为大脑提供更多的血氧与营养物质。最后,体育健身锻炼可促进身体活动的增加,客观上对机体内部器官是一种很好的生理机能调动和物理按摩,这就使得运动者的整个消化系统和代谢系统更加活跃,不仅可以积极影响人体的消化器官,帮助运动者改进其消化功能,促进人体快速吸收营养物质,还可以促进体内废物的排出,对消化道疾病以及便秘等具有良好的预防作用。

内外环境适应力提升方面。体育运动锻炼过程中,各种丰富的身体练习可对运动者身体的运动能力和身体各个器官和系统的生理机能、完善身体发展等具有十分重要的作用。健身锻炼期间,机体内环境和安静状态相比发生了诸多变化,这些变化可令有机体在运动中不断适应内环境变化;同时,机体生理机能的提高能提高机体的工作、协调能力,可更好地适应外环境。

改善身体素质方面。体育健身可促进运动者身体各方面素质的全面发展。全民健身内容丰富,项目众多,不同的人可结合自身情况参与体育健身,促进各项素质的发展。

(二)经济地位

1. 提高生产力水平

全民健身可以改善和提高国民素质。有知识、健康的劳动者是生产要素中的首要因素,因此,全民健身也是"生产力"。[1]

2. 拉动体育产业发展,成为经济发展新的增长点

体育健身有助于促进体育消费,能带动体育产业的迅猛发展。随着全民健身的蓬勃开展,人们的生活观念发生了巨大的变

---

[1] 李相如.全民健身研究新视点[M].北京:北京体育大学出版社,2008.

化。现阶段,"花钱买健康"已经成为新时代提高生活质量的一种新理念。全民健身背景下的体育产业,尤其是体育用品产业、服务业将获得更快的发展,广阔的体育消费市场发展前景令体育产业成为国民经济发展新的增长点。

全民健身能为体育产业创造巨大的体育消费群体,能为体育用品和体育服务业提供广泛的消费者市场。

此外,体育健身产业的发展还能有效带动体育相关产业的发展,并提供大量的就业机会,缓解就业压力。

(三)文化地位

1. 转变国民健康观

社会发展对于大众休闲和娱乐观念的转变具有影响,而全民健身为大众提供了一个健康的休闲娱乐方式,是大众休闲娱乐健康观念转变的重要指导。

在我国人民群众越来越重视健康、关注生活质量提高的基础上,全民健身的提出为人民群众追求高质量生活指明了方向。

全民健身活动在国民生活方式转变的过程中,促进了城乡居民的健康观、健身观的重大变化,越来越多的人把健康问题放在了价值观的首位,把通过运动健身的手段获取健康看得越来越重要,越来越多的人开始接受"花钱买健康"的概念。这也给我国全民健身活动的发展提供了良好的思想基础。

2. 促进社会主义精神文明建设

全民健身在一定意义上可以起到化解、缓和社会矛盾,维护社会稳定的作用。人类社会的文明,包括物质文明、精神文明、政治文明和制度文明。其中精神文明表现为人类精神活动的进步状态,反映人类精神生活和精神财富的成果。

就缓解社会矛盾来说,现代社会竞争激烈、人们精神压力很大,如果不及时释放压力,就会产生心理问题,甚至引发社会矛盾。而全民健身作为一种休闲娱乐方式,可以起到缓解、宣泄、减少利益冲突带来的社会动荡和各种矛盾的作用,广泛开展全民健身活动,不仅可以解决此类社会问题,另外还可以使其受到健康美、形态美、道德美的文化陶冶,形成合理的生活方式,营造一种积极向上、健康活泼的社会氛围,促进社会主义精神文明建设。

就增进社会交往来说,全民健身在营造人与人之间,人与社会、人与自然之间的和谐氛围也具有十分重要的地位和作用。全民健身活动是人的一种积极生活的活动,在活动或竞赛中,一般都有公认的规则和道德标准。在健身活动中,每个人可扮演不同的社会"角色",在公认的规则和道德标准下,体会竞争、集体的归属感和服从感,由此可促使运动者学会在集体环境中与人和谐相处,也可促进社会关系和谐。

第二节　全民健身的概念与内容分类

一、全民健身的概念

（一）健身

人类社会很早就意识到健身的重要性,对于健身的研究也很早就开展了,但在健身的概念界定上,学术界一直没有一个统一的描述。

在古代社会时期,不管是西方国家,还是东方国家,人们都认为健身就是修炼身心、强健体魄。东西方健身有着各自一套完整的理论体系。

在我国古代,健身同我国传统养生含义相同。中国传统体育养生,又被称为"保生""卫生""养性""道生"等。养生一词最早出现在《庄子》内篇之中。养生中的"生"主要是指生存、生命、生长之意;"养"主要是指补养、调养、保养之意。因此,中国养生实际上是现代医学保健的重要内容,注重有机体的内外调理,使身心处于健康的状态。

古代西方崇尚健康的人体美,古希腊奥运会就能很好地说明这一点。古希腊的体育教育从某种意义上说就是一种人体美的教育。在古希腊教育体系中,体育有着非常丰富的教育内容,主要有赛跑、角力、混斗、游泳、骑马、跳跃、球类和掷标枪等。一个人的教育程度可以通过其身体健壮程度和运动能力体现出来,从而形成了希腊人健与美的身体观,并进一步促使他们来寻求一种能够将健与美表现出来的活动形式。

当今社会,随着人们物质生活水平的不断提高,健康也逐渐被人们所认识,成为人们的第一需求。但大多数人都认为健身就是体育锻炼,一直到了1990年左右,健身一词才开始出现,并将健身理解为除了医疗相关手段之外,其他的一些为了更好地保证人体健康所采用的方法和手段,这些都属于健身的范畴。通过采用体育运动的方式来进行健身,即成为"运动健身""体育健身"。

近现代,我国学者对"健身"概念有不少研究。

林建棣指出:"健身这个命题的含义是建设人的身体,或健全人的身体,或增强人的体质。"(《体育健身指南》)

毕春佑认为:"健身的含义是建设人的身体或健全人的身体,也可以说是增强人的体质。"(《健身教育教程》)

朱金官认为:"健身指通过一定的身体锻炼来强健体质。"(《健身健美手册》)

钟南山院士曾提出:体质健康与身体健康是两个概念。身体健康,是指身体各器官都没有病痛;体质,是指人的有机体在机能和形态上相对稳定的特征。体质包括体格、体能和适应能力等几个方面。

综上所述,健身是为了促使身体健康而进行的一系列有目的性的活动。健康的人应具有以下几方面特征。

(1)较高的智力敏感性和心肺功能。

(2)社会交往能力良好。

（3）具有理想的体力、体质和机体灵活性。

广泛意义上的健身既包含了古汉语中的"养生"的含义，同时还包含了"发展身体""增强体质"等词语的含义，健身具有健全身心和强健身体的综合含义。

（二）全民健身

关于全民健身，在我国的一些政策文件中，对其有较为详细的概念性描述。《全民健身计划纲要》中明确指出："为了更广泛地开展群众性体育活动，增强人民体质，推动我国社会主义现代化建设事业发展，特制定本纲要。"该段描述，通过"群众性体育活动""人民体质""社会主义现代化建设事业"三个关键词阐明了"全民健身"的目的、内容和主体。

"全民"，指全体国民，涵盖十几亿具有中国国籍的国民。全民健身，不只是局限在全国人民参与健身的字面含义，更是新时期社会体育事业建设的发展目标，也是一种社会文化健身。

现阶段，随着我国社会矛盾的转变，全民健身已经被演化、延伸为"中国特色的大众体育"的含义，主要包括以下内容。

（1）全民健身法规法律与组织。
（2）全民健身设施与资源。
（3）全民健身活动与内容。
（4）中国社会体育指导员、各类人群健身。
（5）全民健身效果评价。
（6）全民健身的国际借鉴。

二、全民健身的内容

（一）大众健身

大众健身多属于自发形式，可个人参与，也可以群体参与。就个人参与的大众健身内容而言，调查显示，我国全民体育健身活动排在前10位的主要有长走与跑步；羽毛球；游泳；足球、篮球、排球；乒乓球；体操；登山；舞蹈；台球、保龄球；跳绳。从整体来看，我国民众参与体育健身，多倾向于有较强竞技性、娱乐性的项目，以及传统养生类的体育运动项目。

就群体性的大众体育健身参与来看，调查发现，在所有大众健身项目中，集体性健身活动参与最多的体育项目分别为：健身健美操，占52.0%；武术，占44%；秧歌，占43.1%；交谊舞，占33.3%；广播操，占23.3%；羽毛球，占19.5%；气功，占14.9%；门球，占11.2%；网球，占2.9%。

现阶段，伴随着全面健身运动的不断深入发展，一些新的体育健身项目不断涌现，一些新创造出来的大众健身项目充分满足了健身者的多元健身需求，也吸引了越来越多的人参与其中。无论是个人性的体育健身，还是群体性的体育健身，随着我国对全民健身发展的重视，越来越多的体育运动项目和活动被引进、改创，大众健身内容日益丰富。

（二）商业健身

商业健身服务业（简称商业健身）是通过向客户提供优质的体育健身产品和优良的服务，从而满足客户健身需求的服务行业。商业健身服务是大众体育的重要组成部分，其地位同公益性的大众健身事业是相辅相成的。

商业健身主要有以下特点。

（1）增强体质是商业健身企业和参与商业健身的客户的共同的目的。

（2）参与锻炼者是拥有一定经济实力的人群，并且是在社会中正在逐步扩大的群体。

（3）在商业健身过程中，客户一般可以得到及时的、个性化的、科学的健身指导服务。

（4）健身场地器材和健身环境比较优越。

（5）商业健身企业以营利为目的开展健身服务。

（6）参与健身的人需要投入相对比较大的经济成本。

（7）在商业健身领域，参与健身活动对场地、器材、服务、环境的要求明显提高。

现阶段，我国全民健身发展的社会背景良好，随着我国健身市场的不断发展，我国的商业健身服务业发展前景广阔。在市场经济条件下，几乎每个商业健身市场的经营主体都能在众多体育健身消费者群体中找到自己的细分市场，在所有健身人群中，年轻人的健身消费投入较多，因此，我国商业健身充分迎合了上班族的健身需求，同时能对高消费层次人群的科学健身提供有效的、专业的指导和服务，成为我国体育产业发展的一个重要组成部分。

通过调查分析，当前，我国商业健身活动项目和内容中，比较受消费者欢迎的主要有以下几类：操类课程排在第一位。其中包括：搏击操、健美操、肚皮舞、瑜伽、舍宾、剑道、游泳等。其次有普拉提、动感单车、自由力量练习、跆拳道、有氧功率跑台等。此外，一些高档会所的网球、高尔夫球等也备受欢迎。

（三）健身性竞赛

竞技体育与群众体育二者是相辅相成的发展关系，竞赛是促使全民健身活动更好发展的重要杠杆。竞技体育的发展有利于促进民众的体育参与，近年来，我国竞技体育发展迅速，我国优秀运动员在国际竞赛中取得的优异成绩直接促进了国民的体育参与热情，如2008年奥运会筹办和举办期间，我国体育人口在奥运会举办年以及之后几年的增长速度显著。2022年冬奥会的近几年时间内，我国冰雪运动健身人口大幅增加。现阶段，通过组织竞赛促进我国大众体育发展已经成为一个重要的有效途径。

目前，我国影响广泛的综合性的全民健身体育运动赛事主要有"全国体育大会""民族传统体育运动会"等。多种类型的体育赛事为大众体育健身营造了一个良好的体育环境，激发了群众参与体育的热情。

三、全民健身的分类

经过不断的发展,当前我国全民健身内容丰富、种类多样,在体育健身活动内容方面已经形成了一个庞大的体系,男女老少以及各种职业、学历、经济收入的人都能在全民健身活动中找到适合自身的健身运动项目内容。

结合不同的分类标准,可以将全民健身活动内容分为不同的种类,具体参见表1-1。

表1-1　全民健身活动内容的分类

分类标准	全民健身内容
活动内容	球类、田径类、操类、舞类、武术类、游泳、体育游戏等
健身者性别	男性健身活动、女性健身活动
健身者年龄	少儿健身项目、青年健身项目、中老年健身项目
活动组织规模	个体健身活动、集体健身活动
目标优先级	体育休闲类(如滑雪、潜水、跳伞等)、休闲体育类(如球类运动)
体育消费	低消费健身、中等消费健身、高端消费健身
是否使用器材	无器械健身、轻器械健身、器械健身
运动强度	小强度健身、中等强度健身、大强度健身
健身范畴	广义的健身(包括锻炼活动、体质检测、运动竞赛等)、狭义的健身(身体锻炼活动)

第三节　国民体质健康监测

国民体质健康关系到一个国家、一个民族的平稳发展,因此必须给予足够的重视。全民健身的开展是一个科学系统和严谨的过程,重视国民体质健康监测工作的开展,能充分和全面了解我国国民体质现状和发展趋势,并总结规律,为我国全民健身的开展提供数据参考,使全民健身更加有计划、有针对性地稳步推进。

一、国民体质健康监测现状

我国国民结构上分四大部分,即幼儿(3～6岁)、学生(7～19岁)、成年人(20～59岁)、老年人(60～69岁),其中,大学生为19～22岁。2000年,全国范围内首次开展国民体质监测。[①]

(一)普通人群体质健康监测

我国普通社会大众(这里主要指成年人)的体质监测工作起步较晚,1997年开始在部分地区试点,2000年起,全国每5年进行一次全国范围内的国民体质监测工作,国民体质监测是《中华人民共和国体育法》《全民健身计划纲要》的主要内容,通过检测,旨在全面掌握我国大众的体能、反应、运动机能等方面的情况。[②]

虽然我国国民体质检测已经进行了四次,全国性的普查有助于对国民体质能有一个大致的了解,但是,我国国民体质健康检测也存在不少问题。具体如下。

(1)普及度、知名度不高。经过多年努力,"全民健身"已经成为共识,但是,国民体质健康检测的普及性却不够,有很多人并不了解国民体质健康检测的内容、意义,甚至有些人不知道有国民体质健康检测,也从未接受过相关问卷或访谈调查。

(2)受测人员的主动性不足。目前,我国相关部门组织的国民体质检测中,参与人群多为老年人群,这主要是因为年轻人平时上班没有时间,而接受健康调查、访谈的老年人也多是受到组织部门准备的小礼品吸引,或者抱着"好玩""试试看"或"单位组织的必须来"的心态,主动性不高。

(3)受测人群分布不均衡。受测者多为老年人群体,这在前面已经提到,受测人群不均衡主要表现在两个方面,一是年轻人工作没有时间,二是农村居民体质监测工作落实较少。这是我国当前体质监测的难题。

[①] 吕俊,李佳琦.我国国民体质监测的现状[J].体育大视野,2016,6(13).
[②] 张丽娜,王诚民,张文波.对国民体质健康研究若干问题的思考[J].理论观察,2015(2).

（4）监测工作人员专业性不足。国民体质监测需要大量烦琐复杂的调查、走访、数据整理工作，许多监测队员是兼职人员，由社会指导员、大学生临时参与工作，专业性有待加强。[①]

（二）学生体质健康监测

目前，我国青少年体质健康监测形式单一，主要是政府方面开展的大范围的测试活动。

学校是获得青少年体质健康数据最重要的场所，以学校为基本单位，便于青少年体质健康监测工作的开展、组织和管理。[②]

根据《全民健身计划纲要》《中共中央国务院关于深化教育改革全面推进素质教育的决定》《面向21世纪教育振兴行动计划》等文件精神要求，教育部、国家体育总局先后联合下发《学生体质健康标准（试行方案）》（2002年）、《国家学生体质健康标准》（2007年），为进一步落实《国家中长期教育改革和发展规划纲要（2010—2020年）》《国务院办公厅转发教育部等部门关于进一步加强学校体育工作若干意见的通知》，《国家学生体质健康标准》在2014年进行了重新修订。《国家学生体质健康标准》是我国学生体质健康监测重要的指导性文件。

此外，除了《国家学生体质健康标准》，国家还出台了许多指导性文件，强调青少年学生体质健康监测的重要性（表1-2）。

表1-2　国家加强青少年体质监测管理的有关文件、措施统计（2001年以来）[③]

颁布年份	相关文件、通知、活动
2001	实施全国中小学生课外文体活动工程并在全国开展亿万青少年儿童体育健身活动
2002	关于印发《学生体质健康标准（试行方案）》及《〈学生体质健康标准（试行方案）〉实施办法》的通知

[①] 冯枭慧."健康中国"战略下对国民体质监测工作的思考[J].体育大视野，2018，8（19）．
[②] 宋鑫，肖林鹏，郄昌店．对我国青少年体质健康监测服务体系的调查研究[J].河北体育学院学报，2013，27（5）．
[③] 赖锦松，余卫平．我国青少年体质监测管理成效、问题与对策[J].吉林体育学院学报，2016，32（4）．

续表

颁布年份	相关文件、通知、活动
2004	关于加强全国学生体质健康监测网络建设的通知 逐步实施初中升高中体育考试制度
2005	关于进一步加强高等学校体育工作的意见 关于落实保证中小学生每天体育活动时间的意见
2006	关于进一步加强学校体育工作,切实提高学生健康素质的意见
2007	关于加强青少年体育增强青少年体质的意见 关于实施《国家学生体质健康标准》的通知 关于开展全国亿万学生阳光体育运动的决定
2008	关于保证中小学体育课课时的通知 关于开展第二节全国亿万学生阳光体育冬季长跑活动通知 关于印发《中小学健康教育指导纲要》的通知
2011	关于印发《切实保证中小学生每天一小时校园体育活动的规定》的通知
2012	转发教育部等部门关于进一步加强学校体育工作若干意见的通知
2013	关于组织开展学校体育工作专项督查的通知
2014	关于印发《学生体质健康监测评价办法》等三个文件的通知 关于总结近三年学生体质健康变化趋势工作的通知
2016	关于强化学校体育促进学生身心健康全面发展的意见

最近一次的学生体质健康监测,即2014年第四次国民体质监测调研学生人数为347 294人,7~22岁大中小学生261 914人,检测项目涉及四个方面(身体形态、生理机能、身体素质、健康状况)共24项指标。经过分析对比,当前我国学生健康问题主要集中在以下两个方面。

(1)视力不良检出率居高不下,低龄化倾向明显(表1-3)[①]。

(2)大学生体质不如中小学生。

---

① 张洋,何玲.中国青少年体质健康状况动态分析——基于2000—2014年四次国民体质健康监测数据[J].中国青年研究,2016(6).

表1-3 2000—2014年青少年视力不良检出率

年份	13～15岁初中生(%)	16～18岁高中生(%)	19～22岁大学生(%)
2000	48.18	71.29	73.01
2005	58.07	76.02	82.68
2010	67.33	79.20	84.72
2014	74.36	83.28	86.36

二、国民体质健康监测内容与标准

(一)国民体质的结构与测量

体质是一个涉及身体和心理的综合概念,其结构稳定且复杂,包括身体形态发育水平、生理功能水平、身体素质、运动能力发展水平、心理发育水平及适应能力五个要素。

国民体质监测包括以下几方面内容。

(1)人体形态:身高、体重等。

(2)身体机能:循环机能、呼吸机能、感觉机能。机能指标主要包括肺活量、台阶试验。

(3)身体素质:力量、速度、耐力、柔韧、灵敏。素质指标主要包括握力、纵跳、坐位体前屈、俯卧撑(男)/仰卧起坐(女)、闭目单足站立、选择反应时等。

(二)《国家学生体质健康标准》

根据我国2014年修订的《国家学生体质健康标准》的有关内容,学生的各项体质健康测量指标见表1-4。

表1-4 《国家学生体质健康标准》评价指标

组别	评价指标(测试项目)	分值	备注
小学一、二年级	身高标准体重	20	必测
	坐位体前屈、投沙包	40	选测一项
	50米跑(或25米×2往返跑)、立定跳远、跳绳、踢毽子	40	选测一项

续表

组别	评价指标(测试项目)	分值	备注
小学三、四年级	身高标准体重	20	必测
	坐位体前屈、掷实心球、仰卧起坐	40	选测一项
	50米跑(或25米×2往返跑)、立定跳远、跳绳	40	选测一项
小学五、六年级	身高标准体重	10	必测
	肺活量体重指数	20	必测
	400米跑(或50米×8往返跑)、台阶试验	30	选测一项
	坐位体前屈、掷实心球、仰卧起坐、握力体重指数	20	选测一项
	50米跑(或25米×2往返跑)、立定跳远、跳绳、篮球运球、足球颠球、排球垫球	20	选测一项
初中、高中、大学各年级	身高标准体重	10	必测
	肺活量体重指数	20	必测
	1000米跑(男)、800米跑(女)、台阶试验	30	选测一项
	坐位体前屈、掷实心球、仰卧起坐(女)、引体向上(男)、握力体重指数	20	选测一项
	50米跑、立定跳远、跳绳、篮球运球、足球颠球、排球垫球	20	选测一项

表1-5 大学生体质健康测量指标与权重[①]

单项指标	权重(%)
体重指数(BMI)	15
肺活量	15
50米跑	20
坐位体前屈	10
立定跳远	10
引体向上(男)/1分钟仰卧起坐(女)	10
1 000米跑(男)/800米跑(女)	20

注：体重指数(BMI)=体重(千克)/身高^2(米^2)。

现阶段，在我国学生体质健康监测工作中，高校的相关工作做得比较好，根据《国家学生体质健康标准》的相关内容，在对高

---

① 教育部：《国家学生体质健康标准(2014年修定)》

校大学生各项指标进行测量和统计的基础之上,参考各项评分表对学生的体质健康状况进行评分。评分标准分为七大项,具体参考表1-6至表1-12。

表1-6 大学生体重指数(BMI)单项评分表(单位:千克/米^2)

等级	单项得分	男生	女生
正常	100	17.9～23.9	17.2～23.9
低体重	80	≤17.8	≤17.1
超重		24.0～27.9	24.0～27.9
肥胖	60	≥28.0	≥28.0

表1-7 大学生肺活量单项评分表(单位:毫升)

等级	单项得分	男生		女生	
		大一 大二	大三 大四	大一 大二	大三 大四
优秀	100	5 040	5 140	3 400	3 450
	95	4 920	5 020	3 350	3 400
	90	4 800	4 900	3 300	3 350
良好	85	4 550	4 650	3 150	3 200
	80	4 300	4 400	3 000	3 050
及格	78	4 180	4 280	2 900	2 950
	76	4 060	4 160	2 800	2 850
	74	3 940	4 040	2 700	2 750
	72	3 820	3 920	2 600	2 650
	70	3 700	3 800	2 500	2 550
	68	3 580	3 680	2 400	2 450
	66	3 460	3 560	2 300	2 350
	64	3 340	3 440	2 200	2 250
	62	3 220	3 320	2 100	2 150
	60	3 100	3 200	2 000	2 050
不及格	50	2 940	3 030	1 960	2 010
	40	2 780	2 860	1 920	1 970

续表

等级	单项得分	男生		女生	
		大一大二	大三大四	大一大二	大三大四
不及格	30	2 620	2 690	1880	1930
	20	2 460	2 520	1840	1890
	10	2 300	2 350	1800	1850

表1-8 大学生50米跑单项评分表（单位：秒）

等级	单项得分	男生		女生	
		大一大二	大三大四	大一大二	大三大四
优秀	100	6.7	6.6	7.5	7.4
	95	6.8	6.7	7.6	7.5
	90	6.9	6.8	7.7	7.6
良好	85	7.0	6.9	8.0	7.9
	80	7.1	7.0	8.3	8.2
及格	78	7.3	7.2	8.5	8.4
	76	7.5	7.4	8.7	8.6
	74	7.7	7.6	8.9	8.8
	72	7.9	7.8	9.1	9.0
	70	8.1	8.0	9.3	9.2
	68	8.3	8.2	9.5	9.4
	66	8.5	8.4	9.7	9.6
	64	8.7	8.6	9.9	9.8
	62	8.9	8.8	10.1	10.0
	60	9.1	9.0	10.3	10.2
不及格	50	9.3	9.2	10.5	10.4
	40	9.5	9.4	10.7	10.6
	30	9.7	9.6	10.9	10.8
	20	9.9	9.8	11.1	11.0
	10	10.1	10.0	11.3	11.2

表1-9 大学生坐位体前屈单项评分表（单位：厘米）

等级	单项得分	男生		女生	
		大一大二	大三大四	大一大二	大三大四
优秀	100	24.9	25.1	25.8	26.3
	95	23.1	23.3	24.0	24.4
	90	21.3	21.5	22.2	22.4
良好	85	19.5	19.9	20.6	21.0
	80	17.7	18.2	19.0	19.5
及格	78	16.3	16.8	17.7	18.2
	76	14.9	15.4	16.4	16.9
	74	13.5	14.0	15.1	15.6
	72	12.1	12.6	13.8	14.3
	70	10.7	11.2	12.5	13.0
	68	9.3	9.8	11.2	11.7
	66	7.9	8.4	9.9	10.4
	64	6.5	7.0	8.6	9.1
	62	5.1	5.6	7.3	7.8
	60	3.7	4.2	6.0	6.5
不及格	50	2.7	3.2	5.2	5.7
	40	1.7	2.2	4.4	4.9
	30	0.7	1.2	3.6	4.1
	20	-0.3	0.2	2.8	3.3
	10	-1.3	-0.8	2.0	2.5

表1-10 大学生立定跳远单项评分表（单位：厘米）

等级	单项得分	男生		女生	
		大一大二	大三大四	大一大二	大三大四
优秀	100	273	275	207	208
	95	268	270	201	202
	90	263	265	195	196

续表

等级	单项得分	男生		女生	
		大一大二	大三大四	大一大二	大三大四
良好	85	256	258	188	189
	80	248	250	181	182
及格	78	244	246	178	179
	76	240	242	175	176
	74	236	238	172	173
	72	232	234	169	170
	70	228	230	166	167
	68	224	226	163	164
	66	220	222	160	161
	64	216	218	157	158
	62	212	214	154	155
	60	208	210	151	152
不及格	50	203	205	146	147
	40	198	200	141	142
	30	193	195	136	137
	20	188	190	131	132
	10	183	185	126	127

表1-11 大学生引体向上（一分钟仰卧起坐）单项评分表（单位：次）

等级	单项得分	男生		女生	
		引体向上		仰卧起坐	
		大一大二	大三大四	大一大二	大三大四
优秀	100	19	20	56	57
	95	18	19	54	55
	90	17	18	52	53
良好	85	16	17	49	50
	80	15	16	46	47

续表

等级	单项得分	男生		女生	
		引体向上		仰卧起坐	
		大一大二	大三大四	大一大二	大三大四
及格	78			44	45
	76	14	15	42	43
	74			40	41
	72	13	14	38	39
	70			36	37
	68	12	13	34	35
	66			32	33
	64	11	12	30	31
	62			28	29
	60	10	11	26	27
不及格	50	9	10	24	25
	40	8	9	22	23
	30	7	8	20	21
	20	6	7	18	19
	10	5	6	16	17

表1-12 大学生耐力跑单项评分表（单位：分·秒）

等级	单项得分	男生		女生	
		1 000米		800米	
		大一大二	大三大四	大一大二	大三大四
优秀	100	3′17″	3′15″	3′18″	3′16″
	95	3′22″	3′20″	3′24″	3′22″
	90	3′27″	3′25″	3′30″	3′28″
良好	85	3′34″	3′32″	3′37″	3′35″
	80	3′42″	3′40″	3′44″	3′42″
及格	78	3′47″	3′45″	3′49″	3′47″
	76	3′52″	3′50″	3′54″	3′52″

续表

等级	单项得分	男生 1000米		女生 800米	
		大一大二	大三大四	大一大二	大三大四
及格	74	3′57″	3′55″	3′59″	3′57″
	72	4′02″	4′00″	4′04″	4′02″
	70	4′07″	4′05″	4′09″	4′07″
	68	4′12″	4′10″	4′14″	4′12″
	66	4′17″	4′15″	4′19″	4′17″
	64	4′22″	4′20″	4′24″	4′22″
	62	4′27″	4′25″	4′29″	4′27″
	60	4′32″	4′30″	4′34″	4′32″
不及格	50	4′52″	4′50″	4′44″	4′42″
	40	5′12″	5′10″	4′54″	4′52″
	30	5′32″	5′30″	5′04″	5′02″
	20	5′52″	5′50″	5′14″	5′12″
	10	6′12″	6′10″	5′24″	5′22″

实践表明，贯彻执行《国家学生体质健康标准》能够促进学生体质健康的发展。通过实施《国家学生体质健康标准》，能够加强学生对影响其身体健康的各项因素的深入认识和理解，为各级各类学校的体育教学提供数据参考，有助于进行教学规划和调整，实现各级各类学校的体育教学目标，切实增强学生体质。

第四节　全民健身日

一、全民健身日的由来

2009年，为了满足大众日益增长的体育健身需求，同时，也为了纪念北京奥运会的成功举办,1月7日,经国务院批准,自 2009 年起每年 8 月 8 日定为"全民健身日"。2009 年 10 月 1 日起施行的《全民健身条例》第十二条也肯定了每年 8 月 8 日定为"全民健身日"的重要意义与开展的重要性。

设立法定群众健身节日,倡导文明健康生活,关注人民群众的健康生活,是新时期我国关注民生、满足人民群众健身需求的重要举措。

二、全民健身日活动

从 2009 年至今,在每年的 8 月 8 日"全民健身日"当天,应加强全民健身宣传,并组织各种丰富多彩的健身活动,鼓励大众参与到全民健身活动中来(表 1-13)。

表 1-13　历年全民健身日活动主题(2009 年—2018 年)

年份	健身活动主题
2009	"天天健身,天天快乐" "好体魄,好生活" "全民健身,你我同行"
2010	"全民健身志愿服务大行动"
2011	"每天锻炼一小时、健康生活一辈子!"
2012	"每天锻炼一小时、健康生活一辈子!"
2013	"每天锻炼一小时、健康工作五十年、幸福生活一辈子" "每天锻炼一小时、天天都是健身日"
2014	"全民健身促健康 同心共筑中国梦"
2015	"全民健身促健康 同心共筑中国梦"
2016	"全民健身促健康,同心共筑中国梦" "我就是冠军"
2017	"健身每一天,喜迎十九大"
2018	"新时代全民健身动起来"

2018 年 8 月 8 日"全民健身日"当天是星期三,为方便广大群众参与,"全民健身日"活动时间扩展为 8 月 4 日至 12 日。全

国各地区、各行业、各单位积极开展丰富多彩的全民健身活动,全民总动员,社会健身氛围浓厚。随着我国全民健身的深入,健身已经成为百姓生活的常态。全民健身日活动在推动我国全民健身进程中发挥了重要的作用。

第二章 全民健身的政策导向与社会深度发展

全民健身是我国当前发展的一个重要国家战略决策,全民健身各项工程目前正在稳步有序的推进和开展。经过不断努力,当前我国已经在全社会范围内形成了良好的健身氛围,全民健身工程的配建与实用管理不断完善,切实保证和推进了人民群众的各项体育健身活动的开展。全民健身作为一项惠民的大型民生工程,需要在政府的引导下在全社会逐步扩大、深入展开。因此,政策导向对于全民健身的发展目标和方向具有重要的指导作用。要想促进全民健身的不断深入发展,就必须总结经验、教学,健全全民健身工程相关政策法规,以促进全民健身的规范化、科学化发展,并充分调动社会力量,切实推进全民健身的持续开展。本章重点就我国全民健身的相关政策进行深入、系统解析,以剖析政策对全民健身的导向作用,并就全民健身的社会化路径建设进行探讨,研究了新时期全民健身的科学推广、组织与管理,以确保人民群众各项健身活动的顺利开展,更快地实现人人健身、人人受益。

第一节 全民健身相关政策解读

从我国开始着手开展全民健身,就得到了党和国家领导人的高度重视,经过充分调研、讨论制定和颁布了一系列相关政策与措施,这些政策与措施为我国当下全民健身的科学发展发挥了重要的引导作用。这里就其中具有重要意义的全民健身相关政策文件进行解读分析。

一、体育相关法规

(一)《中华人民共和国体育法》

1995年颁布了《中华人民共和国体育法》(以下简称《体育法》),标志着我国体育工作进入了依法行政、依法治体阶段,也从根本上确立了大众体育的发展地位和作用。

自从《体育法》颁布实施后,我国的全民健身进入了一个法制阶段,此后,一些体育相关法令法规相继出台,使得我国的全民健身事业进入了一个新的更高层次的发展阶段。人民健身权利的法律保护保证了大众健身的法制化,是促进大众健身活动和大众健身事业发展的重要法制基础。

(二)体育事业规划

2006年的《体育事业"十一五"规划》,要求深化体育改革、进一步完善了体育体制和运行机制。

2011年,发布《体育事业"十二五"规划》,强调加快发展体育产业,增强体育产业竞争力。

《体育事业"十一五"规划》和《体育事业"十二五"规划》,都针对体育产业发展进行了设计,都对体育产业的发展进行了政策性扶持,鼓励"各种经济成分共同参与兴办体育产业",但发展重点不同,后者的激励更加细化。

2015年10月29日,中共中央发布了《中国共产党第十八届中央委员会第五次全体会议公报》,详细阐述了中国共产党未来"十三五"规划的建议。在医疗健康领域,"十三五"规划明确了推动"健康中国"的五大战略,具体内容如下。

(1)建立更加公平、更可持续的社会保障制度,实施全民参保;养老金全国统筹;实施大病保险制度。

(2)推进健康中国建设,深化医药卫生体制改革,实行医疗、医保、医药联动。

（3）实施食品安全战略。

（4）促进人口均衡发展,全面实施"两孩"政策。

（5）积极开展应对老龄化行动。

（三）《关于强化学校体育促进学生身心健康全面发展的意见》

2016年,为了进一步促进学校体育发展、改善在校学生的体质和提高其身心健康水平,国务院办公厅于5月6日印发《关于强化学校体育促进学生身心健康全面发展的意见》（国办发〔2016〕27号）,强调发挥体育在推进素质教育中的综合作用。到2020年,"体育教学质量明显提高,学生体育锻炼习惯基本养成,运动技能和体质健康水平明显提升,规则意识、合作精神和意志品质显著增强,基本形成体系健全、制度完善、充满活力、注重实效的中国特色学校体育发展格局。"指明了我国校园体育发展的重要目标和方向。

新时期,强化学校体育对于促进教育现代化、建设健康中国和人力资源强国,实现中华民族伟大复兴的中国梦具有重要意义。

学校体育教育是发展社会体育的重要教育基地,以学校体育教育来扩大体育人口,使在校学生建立终身体育意识,并在毕业后能持续参与各种形式的大众健身活动,形成良好的社会健身文化氛围对于我国大众健身发展意义重大。

二、全民健身计划系列政策

《全民健身计划》是我国为推动全民健身事业发展的一个重要指导性文件,是我国大众体育管理的法规性文件,是我国大众健康发展的指导性文件。经过我国实际的全民健康工作的推动和不断探索,我国不断对《全民健身计划》进行补充和完善。

（一）《全民健身计划纲要》

1995年,我国首次颁布《全民健身计划纲要》,对未来我国发展全民健身和开展全民健身活动,完善各项卫生健康工作作出具体的指示。《全民健身计划纲要》是我国发展社会体育事业的一项重大决策,是促进全民健身事业科学发展的纲领性文件。

《全民健身计划纲要》对2010年前我国全民健身的目标、任务、对象、重点、对策、措施和实施步骤等进行了计划和部署,并辅以"全民健身一二一工程",予以落实。具体来说,《全民健身计划纲要》的基本思路是采取整体规划、逐步实施(表2-1)。

表2-1 《全民健身计划纲要》规划

工程分期	工程细分	目标
第一期工程 (1995—2000年)	第一阶段 (1995—1996年)	"进行宣传发动和改革试点,初步掀起一个全民健身活动热潮"
	第二阶段 (1997—1998年)	"通过重点实施,逐步推进,形成崇尚健身、参与健身的社会环境和社会风气"
	第三阶段 (1999年—2000年)	"全面展开全民健身计划的各项工作并普遍取得成效,建立具有中国特色的全民健身体系的基本框架"
第二期工程 (2001—2010年)	第一阶段 (2001—2005年)	"把全民健身工作提高到一个新水平,基本建成具有中国特色的全民健身体系"
	第二阶段 (2006—2010年)	

《全民健身计划纲要》是与实现社会主义现代化目标相配套的一项增强国民体质的系统工程和跨世纪的发展战略规划,得到了党和国家领导人的高度重视。在党的领导下,在各级人大、政府的重视下,各级体育行政部门共同努力,在全民健身活动管理法制化的进程中取得了显著成果。

2009年1月,国务院决定自2009年起,每年的8月8日为全国的"全民健身日"。

同样是在2009年9月,国务院公布了《全民健身条例》,这是我国第一部全面、系统的全民健身事业发展的专门性行政法规,是我国全民健身事业法制化、规范化的重要标志。《全民健身条例》的颁布和实施是新时期我国加快全民健身事业科学发展、建立全民健身长效化机制的重要举措，为人民群众体育健身需求的满足和大众体育健身事业的发展提供了重要的法规保障。

为了使《全民健身计划纲要》得到有效延续，2010年2月，国务院颁布《全民健身计划纲要》第二期工程(2001—2010年)规划，2011年3月，国务院又颁布《全民健身计划(2011—2015年)》，这两个文件有效地保证了全民健身工作的持续开展。

《全民健身计划(2011—2015年)》(国发〔2011〕5号)明确指出，要在2015年形成覆盖城乡比较健全的全民健身公共服务体系。各省(区、市)领导班子为主要负责人，做好本地的全民健身工作，这就为全民健身自上而下的开展奠定了领导和组织基础。

经过不断的努力，我国逐步建立起纵贯全省、市、县、乡，横跨行业系统、群众组织、社会团体，政府领导、体育行政部门组织、各方齐抓共建的新型社会体育组织领导机制。形成了法律保障、行政推进，用搞建设的思路走社会化的路子，用建设系统工程的方式来发展群众体育健身的新模式。

(二)《全民健身计划(2016—2020年)》

截止到2015年，我国系统性的全民健身活动与组织活动的开展已有20年的历史。我国全民健身也进入了一个新的发展阶段，为了更好地适应当下我国社会的发展和满足人民群众的健身需求，同时也为了继续推进我国全民健身的发展，一项新的政策文件应运而生——《全民健身计划(2016—2020年)》。

2016年6月，国务院通过并颁布实施了《全民健身计划(2016—2020年)》，为我国未来五年的全民健身活动的开展提供了进一步明确的指导意见和目标，为新时期的全民健身新时尚、建设健康中国等一系列全民健身工作内容作出了具体部署，《全民健身计划(2016—2020年)》明确指出，要"深化体育改革、发展群众体育、建设健康中国"。

"全民健身计划"系列文件的推出，对国家健身事业的发展和国家未来各方面的发展具有重要的促进意义。

三、"健康中国"系列政策

（一）《"健康中国2020"战略研究报告》

2007年,在中国科协年会上,卫生部部长陈竺公布了"健康护小康,小康看健康"三步走战略。

2008年,为积极应对我国主要的健康问题和挑战,卫生部启动"健康中国2020"战略研究,旨在全面提高全民健康水平。

2012年8月17日,"2012中国卫生论坛"上,卫生部部长陈竺代表"健康中国2020"战略研究报告编委会发布了《"健康中国2020"战略研究报告》。

《"健康中国2020"战略研究报告》包括总报告和以下6个分报告。

（1）《促进健康的公共政策研究》。

（2）《药物政策研究》。

（3）《公共卫生研究》。

（4）《科技支撑与领域前沿研究》。

（5）《医学模式转换与医药体系完善研究》。

（6）《中医学研究》。

为了全面推进我国健康事业的发展,《"健康中国2020"战略研究报告》提出了到2020年,应实现以下10个具体目标。

（1）人均预期寿命达到77岁,5岁以下儿童死亡率下降到13‰,孕产妇死亡率降低到20/10万,减少地区健康差距。

（2）完善卫生服务体系,提高卫生服务可及性和公平性。

（3）健全医疗保障制度,减少居民疾病经济风险。

（4）控制危险因素,遏止、扭转和减少慢性病蔓延和健康危害。

（5）强化传染病和地方病防控,降低疾病危害。

（6）加强监测与监管,保障食品药品安全。

（7）依靠科技进步,适应医学模式的转变。

（8）继承创新中医药。

（9）发展健康产业,满足多层次、多样化卫生服务需求。

（10）履行政府职责,加大健康投入,到 2020 年,卫生总费用占 GDP 的比重达到 6.5%～7%。

在全民健身发展过程中,"健康中国 2020"战略研究的提出非常及时,为新时期的卫生事业发展和全民健康发展提供了战略决策参考和建议。

（二）2016 年全国卫生与健康大会

2016 年 8 月 19 日至 20 日,全国卫生与健康大会在北京顺利召开,国家主席习近平出席会议并发表重要讲话,指出"人们常把健康比作 1,事业、家庭、名誉、财富等就是 1 后面的 0,人生圆满全系于 1 的稳固"。

为进一步促进国富民强,习近平主席在 2016 年全国卫生与健康会议上的重要讲话,指出"要把人民健康放在优先发展的战略地位",在新时期关注民生健康,正式提出"健康中国",并作出全面部署。

"健康中国"是 2016 年全国卫生与健康大会讲话内容的重要和高度概括,目的在于为实现"两个一百年"奋斗目标、实现中华民族伟大复兴的中国梦奠定健康基础。

"健康中国"包括以下内容。

（1）健康是促进人的全面发展的必然要求,是社会发展的重要基础,是国富民强的标志。

（2）现阶段,关注民生和国民健康,必须不断完善医疗卫生服务体系,提高公共卫生整体实力和疾病防控能力。

（3）当前,受多种因素影响,如工业化、城镇化、老龄化,我国多重疾病威胁并存、多种健康影响因素交织,在这样的背景下,在推进健康中国建设的过程中,要坚持中国特色卫生与健康发展道路,把握好一些重大问题。

（4）要坚持正确的卫生与健康工作方针,以基层为重点,以改革创新为动力,"将健康融入所有政策""人民共建共享",不断完善制度、扩展服务、提高质量。

（5）要坚决贯彻预防为主方针,坚持防治结合、联防联控、群防群控,最大程度减少人群患病。

（6）要重视少年儿童健康,全面加强学生卫生与健康工作,促进青少年儿童健康生长发育。

（7）要重视重点人群健康,保障妇幼健康,完善老年人健康医疗服务,关注流动人口健康、实施健康扶贫。

（8）树立"大卫生""大健康"观念,倡导健康文明的生活方式,把"以治病为中心"转变为"以人民健康为中心",建立健全全民健康教育体系。

（9）加大心理健康研究,做好心理健康科普工作,规范心理健康服务。

（10）解决影响人民群众健康的突出环境问题,建设健康、宜居、美丽家园。

（11）贯彻食品安全法,完善食品安全体系,加强食品安全监管,严把从农田到餐桌的每一道防线。

（12）牢固树立安全发展理念,健全公共安全体系,努力减少公共安全事件对人民生命健康的威胁。

（13）深化医药卫生体制改革,营造尊医重卫的良好社会风气。

（14）振兴中医药,加强中医药创新,促进中西医协调发展。

（15）完善人口健康信息服务体系建设,推进健康医疗大数据应用。

（16）积极参与国际上健康交流,完善我国国际公共卫生紧急援外工作机制,加强同"一带一路"倡议沿线国家的卫生与健康合作。

新时期,建设健康中国,需要政府的引导和规范,也需要社会各界的共同努力。

(三)《"健康中国2030"规划纲要》

为了推进健康中国建设,提高人民健康水平。2016年8月26日,中共中央政治局召开会议,根据党的十八届五中全会战略部署制定《"健康中国2030"规划纲要》,在会议中审议并获得通过。

2016年10月25日,中共中央、国务院发布《"健康中国2030"规划纲要》提出,"发展群众体育产业,促进全民健身与全民健康的深度融合"。

《"健康中国2030"规划纲要》以马克思列宁主义、毛泽东思想、邓小平理论、"三个代表"重要思想、科学发展观为指导,坚持健康优先、改革创新、科学发展、公平正义四个基本原则,旨在为实现"两个一百年"奋斗目标和中华民族伟大复兴的中国梦提供坚实的健康基础。为"健康中国"建设的持续进行提供了新的参考。

1. 战略意义

《"健康中国2030"规划纲要》的及时颁布,具有重要意义。具体表现在以下几个方面。

(1)新时期,中国特色社会主义进入新时代,我国的社会矛盾发生了明显变化("人民日益增长的美好生活需要和不平衡不充分的发展之间的矛盾"),这一时期,制定、审议通过并实施《"健康中国2030"规划纲要》是贯彻落实党的十八届五中全会精神的重要表现。

(2)《"健康中国2030"规划纲要》的颁布和实施,有助于进一步推动我国全面建成小康社会、加快推进社会主义现代化进程。

(3)《"健康中国2030"规划纲要》的颁布和实施,是我国积极参与全球健康治理、履行我国对联合国"2030可持续发展议程"承诺的重要举措。

2. 战略主题

（1）"共建共享"

"共建共享"是建设"健康中国"的基本路径。

"健康中国"建设，要将健康融入所有的政策之中，在政府的主导与调动下，基层建设是重点，"健康中国"的"共建"，从供给和需求两个方面同时发力，统筹社会、行业和个人三个层面，形成维护和促进健康的强大合力。健康中国建设需要人人参与、人人尽力、人人享有。

（2）"全民健康"

"全民健康"是建设健康中国的根本目的。

建设"健康中国"，必须要立足全人群和全生命周期两个着力点，提高健康服务质量，实现更高水平的全民健康。

全民健康中的"全民"是指全体国民，每一个中华人民共和国的国民都能受惠，同时，重点关注特殊人群的健康服务，重点解决好妇女儿童、老年人、残疾人、低收入人群等的健康问题。

3. 战略目标

建设"健康中国"，《"健康中国2030"规划纲要》指出了三个阶段的目标（图2-1）。

2030年，健康中国建设将达到一个关键性的时期，到2030年应具体实现的健康目标主要包括以下五个方面的内容（表2-2）。

表2-2　2030年健康中国建设应实现的具体目标

目标	目标内容
提升人民健康水平	到2030年人均预期寿命要达到79岁，大幅提升人均健康的预期寿命
控制健康危险因素	全面普及健康生活方式，基本上形成对健康有利的健康生产生活环境，有效地保障食品药品安全，消除一批重大疾病危害
提升健康服务能力	全面建立高校优质的整合型医疗卫生服务体系；完善的全民健身公共服务体系；完善健康保障体系；健康科技创新实力达到世界前列；显著提高健康服务水平和质量

续表

目标	目标内容
加快健康产业规模	构建完整体系、结构优化的健康产业体系，形成一批具有较强创新能力及国际竞争力的大型企业；使健康产业体系成为国民经济发展的支柱产业
完善健康制度体系	进一步健全对健康有利的相关政策法律法规体系，基本实现健康领域治理体系和治理能力的现代化

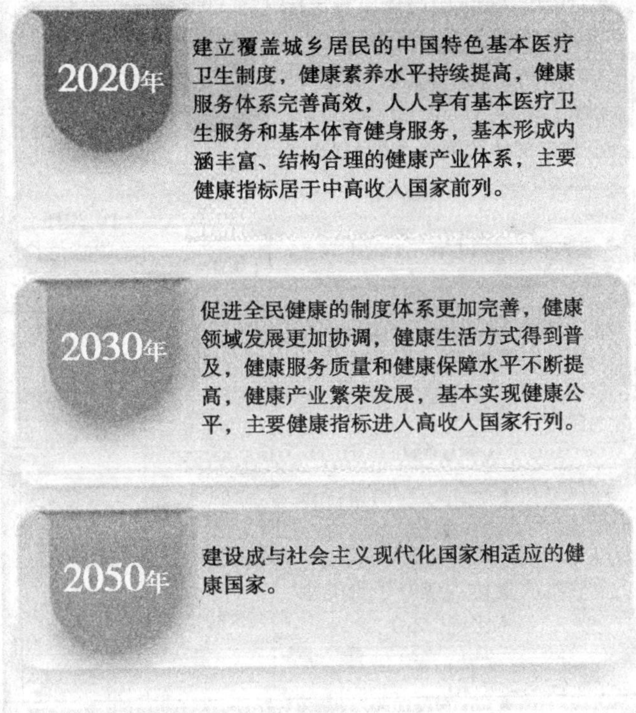

2020年 建立覆盖城乡居民的中国特色基本医疗卫生制度，健康素养水平持续提高，健康服务体系完善高效，人人享有基本医疗卫生服务和基本体育健身服务，基本形成内涵丰富、结构合理的健康产业体系，主要健康指标居于中高收入国家前列。

2030年 促进全民健康的制度体系更加完善，健康领域发展更加协调，健康生活方式得到普及，健康服务质量和健康保障水平不断提高，健康产业繁荣发展，基本实现健康公平，主要健康指标进入高收入国家行列。

2050年 建设成与社会主义现代化国家相适应的健康国家。

图 2-1

结合《"健康中国 2030"规划纲要》对建设"健康中国"的目标，为了更好地落实和推进工作，还提出了"健康中国"各阶段建设的具体指标（表 2-3）。

表 2-3　健康中国建设主要指标①

领域	指标	2015 年	2020 年	2030 年
健康水平	人均预期寿命(岁)	76.34	77.3	79.0
健康水平	婴儿死亡率(‰)	8.1	7.5	5.0
健康水平	5 岁以下儿童死亡率(‰)	10.7	9.5	6.0
健康水平	孕产妇死亡率(1/10 万)	20.1	18.0	12.0
健康水平	城乡居民达到《国民体质测定标准》合格以上的人数比例(%)	89.6（2014 年）	90.6	92.2
健康生活	居民健康素养水平(%)	10	20	30
健康生活	经常参加体育锻炼人数(亿人)	3.6（2014 年）	4.35	5.3
健康服务与保障	重大慢性病过早死亡率(%)	19.1（2013 年）	比 2015 年降低 10%	比 2015 年降低 30%
健康服务与保障	每千常住人口执业(助理)医师数(人)	2.2	2.5	3.0
健康服务与保障	个人卫生支出占卫生总费用的比重(%)	29.3	28 左右	25 左右
健康环境	地级及以上城市空气质量优良天数比率(%)	76.7	>80	持续改善
健康环境	地表水质量达到或好于Ⅲ类水体比例(%)	66	>70	持续改善
健康产业	健康服务业总规模(万亿元)		>8	16

4. 战略内容

（1）普及健康生活

①加强健康教育

加强健康教育包括以下两个方面的内容。

第一，提高全民健康素养，完善基层健康服务体系，加强对家庭和高危个体健康生活方式的指导和干预，积极开展健康体重、健康口腔、健康骨骼等专项行动，到 2030 年，基本实现以县(市、

---

① "健康中国 2030"规划纲要[Z].北京：人民出版社，2016.

区）为单位全覆盖。

第二，加强学生健康教育。通过学校体育教育教学改革，提高学校体育在学校教育中的地位，培养学生良好的体育健康锻炼行为和终身体育意识的养成，提高学生参与体育锻炼的能力，并影响学生的家庭体育参与。

②塑造自主自律的健康行为

健康的行为主要包括四个方面的内容。具体分析如下。

第一，引导合理膳食。实施国民营养计划，建立健全国民营养监测制度，对重点区域、重点人群实施营养干预。到2030年，国民营养素养明显提高，营养缺乏疾病发生率显著下降。

第二，控烟限酒。室内公共场所全面禁烟，到了2030年，15岁以上的抽烟人群能够减少20%；加大限酒健康教育，严控过度使用酒精，加强有害使用酒精监测。

第三，促进心理健康。加大心理健康宣传，建立健全心理健康服务体系。到2030年，常见精神障碍防治和心理行为问题识别干预水平显著提高。

第四，减少不安全性行为和毒品危害。加强社会治安管理，加强毒品危害宣传，健全戒毒医疗服务体系，减少毒品危害。

③提高全民身体素质

重点做好以下工作。

第一，完善全民健身公共服务体系，到2030年，基本建成县乡村三级公共体育设施网络。

第二，实施国家体育锻炼标准，广泛开展全民健身运动，扶持和推广我国传统体育项目和文化活动。

第三，加强体医融合和非医疗健康干预，发布体育健身活动指南，完善体质健康监测。

第四，关注特殊人群，积极干预和指导青少年、妇女、老年人、职业群体及残疾人等特殊群体科学参与体育健身。

（2）优化健康服务

①强化覆盖全民的公共卫生服务

第一，做好重大疾病的防控工作。

第二，关注人口健康，到2030年，实现全国出生人口性别比自然平衡。

第三，推进基本公共卫生服务均等化，关注城乡公共卫生服务的均等发展、关注流动人口健康问题。

②提供优质高效的医疗服务

第一，完善卫生医疗服务体系，结合人口分布合理分配医疗资源，建立整合型医疗卫生服务体系。到2030年，基本形成15分钟基本医疗卫生服务圈。

第二，创新医疗卫生服务供给模式。构建重大疾病防控机制，完善家庭医生签约服务，加快医疗卫生军民融合。

第三，提升医疗服务水平和质量。构建同国际接轨，具有中国特色的医疗管控体系，推出一批国际化标准规范。全面实施临床路径管理；推进用药规范、用血安全；针对医疗服务加强人文关怀，构建和谐医患关系。

③充分发挥中医药独特优势

进一步提高中医药服务能力，到2030年，充分实现以下目标。

第一，推进中医药在治未病中的主导作用、在重大疾病治疗中的协同作用、在疾病康复中的核心作用。

第二，发展中医养生保健治未病服务。

第三，推进中医药继承创新。

④加强重点人群健康服务

第一，关注母婴安全、关注妇女儿童的健康发育、成长和疾病防控。

第二，强化老年人健康管理。

第三，加强致残疾病以及其他致残因素防控，促进残疾人健康恢复。

图2-2简洁、直观地表述了健康服务优化方面的工作与目标。

第二章 全民健身的政策导向与社会深度发展

强化覆盖全民的公共卫生服务
防治重大疾病
完善计划生育服务管理
推进基本公共卫生服务均等化

提供优质高效的医疗服务
完善医疗卫生服务体系
创新医疗卫生服务供给模式
提升医疗服务水平和质量

充分发挥中医药独特优势
提高中医药服务能力
发展中医养生保健治未病服务
推进中医药继承创新

加强重点人群健康服务
提高妇幼健康水平
促进健康老龄化
维护残疾人健康

图 2-2

（3）完善健康保障

《"健康中国 2030" 规划纲要》指出，要完善我国健康保障体系，必须从健全医疗保障体系和完善药品供应保障体系两个方面入手（表 2-4）。

表 2-4 完善健康保障工作内容

	内容	目标
健全医疗保障体系	完善全民医保体系	到 2030 年，全民医保体系成熟定型
	健全医保管理服务体系	到 2030 年，使全民医保管理服务体系更加完善、高效
	积极发展商业健康保险	落实税收等优惠政策，发展健康管理组织新形式
完善药品供应保障体系	医药改革	深化药品、医疗器械流通体制改革
	体制完善	完善国家药物政策，巩固国家基本的药物制度

（4）建设健康环境

①深入开展爱国卫生运动

第一，持续不断地推进城乡环境卫生整洁行动，完善环境管理机制、改善城乡卫生环境。到2030年，提高我国居住环境，实现人与自然的和谐发展。

第二，进一步实施农村安全饮水巩固提升工程，建立健全农村饮水安全保障体系。

第三，建立健康城市和乡镇，示范推广。

②加强影响健康的环境问题治理

第一，加强大气、水、土壤等污染防治，推进流域共治和联防联控。

第二，加强工厂排污监管，以钢铁、水泥、石化等行业为重点，推进行业达标排放改造。

第三，建立健全环境与健康监测、调查和风险评估制度。

③保障食品药品安全

第一，加强食品监管，完善食品安全标准体系，到2030年，实现食品安全风险监测与食源性疾病报告网络全覆盖。

第二，强化药品安全监管，深化药品（医疗器械）审评审批制度改革，加强医疗器械和化妆品监管。

④完善公共安全体系

第一，加强安全生产，强化职业健康。

第二，促进道路交通安全。到2030年，争取实现道路交通万车死亡率下降30%。

第三，预防和减少消费品安全伤害。

第四，提高突发事件应急能力，到2030年，基本实现城乡公共消防设施全覆盖；基本实现较完善的医学紧急救援网络全覆盖；道路交通事故死伤比基本降低到中等发达国家水平。

第五，健全口岸公共卫生体系，把好出入境健康、安全关。

第二章 全民健身的政策导向与社会深度发展

（5）发展健康产业

①优化多元办医格局

制定健康医疗环境政策，鼓励民间正当行医、规范非公立医疗机构发展。

②发展健康服务新业态

建立健康新业态、新产业、新模式，促进健康与旅游、养老、健身休闲、互联网、食品等行业的融合发展（图2-3）。

图 2-3

③积极发展健身休闲运动产业

优化健身市场环境，鼓励入市，加强对健身产业发展的科学引导、干预，提供优惠的政策支持，优化资源配置。

④促进医药产业发展

一方面，加强医药技术创新，健全质量标准体系，提升质量控制技术，增强自主创新能力。另一方面，提升产业发展水平，促进专业医药园区发展,提高产业集中度。此外,加强国际贸易合作,提高国际竞争力,实现中医药发展全面升级(向中高端迈进)。

(6)健全支撑与保障

①深化体制机制改革

第一,把健康融入所有政策,加强各部门各行业的沟通协作,形成促进健康的合力。

第二,全面深化医药卫生体制改革,实施属地化和全行业管理。

第三,完善健康筹资机制,健全政府健康领域相关投入机制,调动社会投资积极性。

第四,加快转变政府职能,简政放权、放管结合、优化服务,促进公平,科学发展。

②加强健康人力资源建设

第一,加强健康人才培养培训,到2030年,实现每千人拥有社会体育指导员2～3名。

第二,创新人才使用评价激励机制,落实医疗卫生机构用人主权、工资政策。

③推动健康科技创新

第一,构建国家医学科技创新体系。加强科研创新网络建设,加强医研企结合,加强科卫协同、军民融合、省部合作。

第二,推进医学科技进步,强调自主科研创新,提高我国医学技术、加强药物(医疗器械)的开发与创新。

④建设健康信息化服务体系

第一,完善人口健康信息服务体系建设,完善"互联网+健康医疗"模式。到2030年,实现国家、省、市、县四级人口健康信息平台互通、共享、规范应用。

第二,全面深化健康医疗大数据的多领域应用。

⑤加强健康法治建设

不断健全医疗卫生、中医药、药品管理等方面的立法建设,制定行业规范标准,加强政府监督和行业自律,完善社会监督体系。

⑥加强国际交流合作

以双边合作机制为基础,促进我国和"一带一路"沿线国家卫生合作,积极参与全球卫生治理,全方位积极推进人口健康领域的国际合作。

(7)强化组织实施

建设健康中国,强化组织实施,做好组织领导、社会氛围、实施监测三个方面的工作。

第一,加强组织领导。进一步完善健康中国全局性领导工作,加强重大项目、重大政策、重大工程、重大问题、重要工作的科学安排、实施与管理。

第二,营造良好社会氛围。通过政府引导,依靠社会多元媒体,加强健康中国建设的多方面(如意义、目标、任务、举措等)宣传,形成社会健康共识。

第三,做好实施监测。对《"健康中国2030"规划纲要》的各项工作实施进行监督、检测,及时发现问题、总结经验,在保持大政方针不变的基础上不断修正、完善具体措施。

第二节 全民健身的社会化路径建设

一、全民健身的大众健身路径发展现状

当前,"健康第一""健康来自锻炼""健身是投资人力资本""健身是储蓄健康"等观念将会更加深入人心,人们更加关心健康长寿,更加注重生活质量,更加主动地加入健身、娱乐行列。健身将成为人民群众的一种生活方式,成为一种社会普遍现象。

与广大人民群众的健身热情、健身需求相对应的是,我国的社会健身路径发展落后,目前,尚且不能充分满足大众日常健身应用需求。

(一)大城市健身路径发展现状

我国东部和沿海大城市,人口密集,人口素质高、健身观念强,健身需求大,以北京和广州为例,对我国大城市健身路径现状调查分析如下。

北京是我国的首都,是我国政治文化的中心,与其他地区和城市相比,体育场馆较多,但是,由于大城市承办的竞技体育赛事和文化演出活动多,因此,很多场馆都是用于大型的比赛中,专业运动员的训练中,或者是文艺演出,大众健身利用率不高。有些体育场馆建在学校或者厂矿附近,这类体育场馆的规模比较小,距离城区有一定的距离,有些场馆的体育设施因年久失修,对社区体育开放会存在一定的危险性,利用率低。

广州是我国社区体育建设与发展得较好的城市,经调查发现,现阶段,广州市内几乎没有自己管辖的场馆设施的街道社区,那些有自己管辖的场地设施的社区也只是能管辖一小部分,如棋牌、乒乓球、健身室之类,这一现象将使点多面广的社区体育活动的需要难以得到满足。广州市虽然经济发展水平比较高,但是在城市规划中并没有将足够的空地留给体育场馆建设,因此体育场馆修建难以顺利进行。而且原本广州市的体育场馆就不多,所以现在社区体育在场地设施方面的供需十分紧张。公园、广场以及公共场所是广州社区体育的主要活动场所,每千人均体育场地面积 200 平方米左右,与国家规定平均每千人要有 300 平方米的体育场所标准存在一定差距。

分析总结来看,大城市体育场地设施多,但大众健身利用率低。

(二)小城镇健身路径发展现状

小城镇体育的发展有助于增强城镇周围农村人口体质,有助于提高全民体育健身意识。同时,作为城市和农村的连接枢纽和桥梁,小城镇体育的发展对周边农村体育的发展有重要的影响和辐射作用。因此加强和重视乡镇大众健身路径建设非常重要。

就健身路径对健身活动促进作用来看,乡镇的健身路径建设是一个地区体育发展水平和现代社会文明的主要标志,它是小城镇居民进行体育活动的空间条件。在小城镇社区中,社区体育场地设施的建设直接影响该地区社区居民对社区健身物质资源的利用率。

调查发现,虽然我国小城镇体育设施和之前相比有了较大的改善,但是总体来说公益性的健身场所十分匮乏,不能满足人们更进一步的体育健身需求。

现阶段,体育场地设施的匮乏已成为我国城镇大众健身发展的一个普遍问题。

(三)农村健身路径发展现状

2017年2月28日,国家统计局公布《中华人民共和国2016年国民经济和社会发展统计公报》,从该文件的相关数据可知,根据统计,2016年年末,我国全国大陆人口总计138 271万人,其中,城镇常住人口79 298万人,农村户籍人口58 973万人。

从数据分析来看,我国农村人口众多,有着庞大的体育参与需求。但是,就目前来看,与我国庞大的人口数量、巨大的体育需求相比,我国农村体育设施不足,无法满足农民的体育需求。

近几年,我国大力推进全民健身计划,不断扩大体育基础设施建设,与21世纪最初的十年相比,虽然我国人均体育场地面积、场地数量在不断提高和增加,但是人均体育场地面积远远不能满足我国广大农民体育健身的使用需求,室外场地以水泥地为主,体育场馆几乎没有。在体育资源方面,农村体育资源严重匮乏。

二、全民健身的社会化路径丰富与完善

(一)进一步加大健身路径建设

通过前面的分析阐述,整体来看,全民健身的社会化路径并

不能满足当下社会大众的健身需求。我国全民健身的大众健身路径发展现状存在两个突出问题,其一是城乡、地域间体育场地供需不平衡;其二是现有全民健身路径利用率还有待提升。

现阶段,要进一步推进全民健身活动的开展,就必须进一步丰富全民健身路径,加强全民健身路径建设,为人民群众参与健身奠定良好的物质基础环境和条件。

(二)不断强化大众体育消费动机

有关数据显示,我国体育人口参与体育活动的动机中,居前3位的依次是:增强体力、增进健康;消遣娱乐、情绪的修养和改善;增加社交机会。还有一部分人是为了提高运动能力或者延续学生时代的体育习惯。

数据结果还显示,影响人们参加体育活动的原因依次为:缺少时间;缺少场地;精力不足;缺少经费;不懂锻炼方法;场地远等。

全民健身背景下,民众体育健身意识已经形成,但是受多种因素影响,当前我国体育消费的主体是学生和老人,我国体育人口的年龄结构呈现出两端高中间低的马鞍形分布现状。

结合我国当前大众健身的人群年龄特点,青少年的健身主要是在学校开展,老年人健身主要是在公园、广场等免费大众健身路径开展。而处于体育健身消费的主要人群就是中青年人,这一部分人有经济实力支持体育消费,对此,必须通过健身宣传、场馆运营来刺激他们的体育消费动机,使这部分人主动走进体育场馆、体育健身俱乐部、户外健身与旅游区参与丰富多彩的体育健身活动。

(三)全面推动国民经济发展

经济发展与体育发展二者之间存在着非常密切的关系,在各个国家和地区,经济发展水平都会制约当地的其他各方面的发展。经济发展是体育发展的重要先决条件。

（1）就体育发展的条件来看，要想促进全民健身意识的增强、增加体育健身投入，就必须发展经济。

（2）从经济发展与体育文化发展二者之间的关系来看，经济发展是推动社会文化发展进步的一个非常重要的前提条件和重要基础。文化的产生和丰富是社会发展进步的一个重要表现，故而经济发展是文化进步的重要前提。当社会经济水平发展到一定阶段时，必然会促进各种文化（体育事业、体育文化）的繁荣。世界范围内，凡是经济繁荣的国家和地区，其体育发展也会处于良好水平。

（3）从经济发展与人的生存与发展需求来看，人们在满足了基本的生存生产需求之后，才会有进一步的娱乐休闲需求，心理学家马斯洛的需求理论也充分说明了这一点（图2-4）。当人的低层次的需求满足后，必然会产生高层次的需求。也就是说，人们解决了基本的吃、住、穿的问题后，生产力和经济有了进一步的发展，有了生产资料剩余，人们才有更多的时间和精力去追求高层次的精神消费需求。

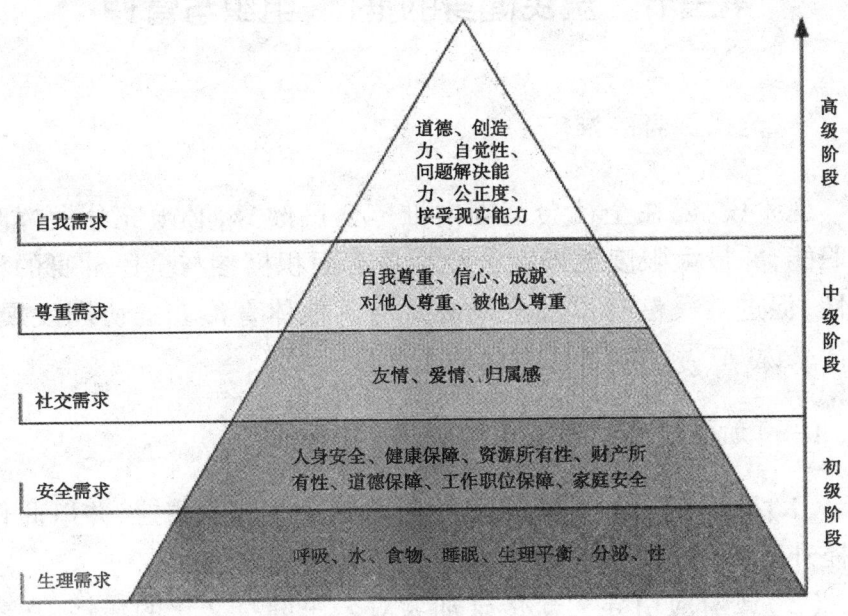

图2-4

体育需求是高于人的生存、生活基本需求的,属于发展性需求,是较高层次的身体和精神发展需求。如果温饱问题都解决不了,希望大众参与体育健身是不现实、不切实际的。

(4)就经济发展促进国民健身基础设施建设方面。在国民经济发展中,经济发展首先是为了解决人民的温饱问题,在此基础上才能有更多的资金投入到体育设施建设方面。体育发展离不开资金的支持,全民健身路径建设是一个庞大的系统工程,覆盖全国各地区,更需要足够的资金作为支持。

因此,应通过促进经济发展,不断增加农民收入,改善与提高国民生活水平,使人民群众的基本生存生活需求得到满足,在这些基本需求满足之后,人民群众自然就会有更高层次的需求,农民也才有更多的时间、精力去从事体育健身活动,享受体育健身生活,国家也才有更多的财力资源投入到全民健身路径的建设中去。

第三节 全民健身的推广、组织与管理

一、全民健身的推广

现阶段,要在全社会范围内推广全民健身,必须充分发挥政府职能,并最大限度地调动全社会各方面积极参与全民健身的积极性,促进全民健身以及全民健身与其他体育形态的协同发展。具体来说,应做好以下几方面的工作。

(一)加强政府政策引导

(1)政府应加强对不同地区全民健身发展的调控,并以此作为提升区域全民健身文化现代价值实现的重要途径。

(2)政府应引导大众传媒加大对全民健身文化的传播,在整个社会营造"健康第一"、浓厚的全民健身氛围。

（3）政府应加大学校体育教育的指导和投入，确保学生的全民健身教育权利。

（4）政府应合理规划和布局包括场地器材在内的全民健身硬件设施，为人们的全民健身参与奠定良好的物质基础。

（二）加强法规制度建设

一方面，结合我国当下的全民健身开展情况，及时制定和出台相关法律、法规、制度，确保人民群众参与健身的基本权利和各种健身活动的顺利开展。

另一方面，积极开展国民体质测定和监测工作，施行国民体质监测制度，力争将国民体质监测指标纳入国家社会发展综合评价指标，并定期公布国民体质状况，使全民关注和了解国民体质健康发展情况。

（三）重视全民健身宣传

推广全民健身，应加大对全民健身的宣传，加大大众健身宣传工作的力度，具体应做好以下几方面的工作。

（1）政府应注重官方媒体全民健身宣传为主，广覆盖、多宣传，营造良好的全民健身舆论环境。各级体育宣传主管部门要推动和协助新闻媒体报道大众健身工作开展情况、典型经验和典型事例，重大活动要集中报道，扩大影响。

（2）积极依靠社会大众传播媒体来大力宣传全民健身，提高全民健身意识。

（3）商业健身宣传方面。当前，我国的体育信息传播、体育广告和体育商业服务等产业化程度高，规模适当，政府需要做的就是维持这些产业的现有发展水平和状况，同时，政府应注重于良好政策环境的创造，如巩固税收政策、技术质量政策、市场规范政策等，为我国体育信息传播、体育广告和体育商业服务发展中的资源配置、公平竞争、市场拓展提供政策支持和引导。

（四）强化有关部门职责

强化体育行政部门的组织工作，并充分发挥各级工会、共青团、妇联、各行业和社会各界办体育的积极性，在各级人民政府的领导下，大力发展各具优势和特色的地方大众健身事业。各级体育行政部门要切实把推行大众健身计划作为工作重点，主要领导要亲自抓，统筹规划，研究解决实施中的问题。

（五）增加大众健身投入

各级政府要增加对全民健身的投入，并鼓励厂矿、企业、个人等社会力量资助、支持大众健身事业。国家体育总局在继续利用体育彩票公益金抓好大众健身工程建设的同时，实施"雪炭计划"，扶贫帮困。从 2001 年开始，集中一定数量的体育彩票公益金，对三峡库区、革命老区、老少边穷地区和遭受自然灾害严重的地区，援建公用体育健身设施，建设一批具有一定规模和影响的形象工程。

（六）促进学校体育发展

新时期，强化学校体育对于促进教育现代化、建设健康中国和人力资源强国，实现中华民族伟大复兴的中国梦具有重要意义。以学校体育教育来扩大体育人口，使在校学生建立终身体育意识，并在毕业后能持续参与各种形式的大众健身活动，形成良好的社会健身文化氛围对于我国大众健身发展意义重大。

在体育教学改革不断深入和现代体育教育教学思想的指导下，各级各类学校应坚持德智体全面发展的方针，重视学生的身体健康，保证学生每天有不少于一小时的体育锻炼时间，按照教育性、科学性、趣味性、全面性的原则，坚持寓学、寓练于乐，使学生掌握基本的运动技能，养成锻炼身体的良好习惯。

（七）重点关注特殊人群的体育健身发展

全民健身包括全体人民，要在重视大众健身活动开展的基础上，重点关注特殊人群的体育健身发展，如青少年、老年人、残疾人、少数民族等人群的体育健身开展，积极为青少年人群、老年人群、残疾人群、少数民族提供优先优惠服务，倡导民族传统体育，推动民族传统体育健身活动开展。

（八）优化社会体育指导，规范群众健身

在继续开展国民体质检测系统研究基础上，有针对性地进行科学健身方法和手段的研究。重视群众体育研究成果的推广、应用与普及工作，反对伪科学。加快培养社会体育指导员的步伐，不断扩大队伍，为大众健身提供及时有效的健身指导。

（九）加快体育健身场地设施建设和开放

调查显示，当前，在我国大部分城市，体育场馆等体育活动场地一般都具备了，但是，到体育场馆锻炼身体的人却并不多。而在一些农村地区，由于经济发展水平较低，基础设施建设严重不足。同时，我国各类体育场馆不但数量少，而且开放率低，全部向居民开放的只有44.1%。基础健身设施不足是影响我国全民健身进一步推广的重要制约因素，必须予以改善。

具体来说，应充分考虑一般百姓从事体育活动的需要，地方各级人民政府要集中一定财力与物力，有计划地建设社区、乡镇和居民区公共体育设施。全国公共体育场馆设施要做到全部用于开展大众健身活动，鼓励有条件的学校做到体育场馆在课余时间向社会开放，方便大众健身。

二、全民健身的科学组织与管理

以城镇居民健身为例，对群众健身活动的科学组织与管理提

出以下对策与建议。

(一)重视大众体育信息资源管理

收集、归纳、整理、反馈大众体育信息,对于大众体育工作的顺利展开具有重要作用,也能为大众体育健身资源的开发与利用提供必要的信息参考。

1. 了解人民群众健身概况

科学组织与管理全民健身活动,就必须对大众体育健身情况有一个全面的了解,如大众健身场地现状,有无空地、广场、公园或者其他形式的公共场地;社区和农村基层体育工作人员的职业结构、年龄结构以及性别结构;大众健身人口的男女比例是什么状况,少年儿童、青年、中年、老年人各有多少,健身意识和心态等。

2. 了解大众体育健身需求

(1)基层体育机构、组织与团体对大众体育工作有什么具体要求,有哪些体育需求。

(2)大众体育需求具体如何,亟须解决的问题是什么。

(3)不同年龄、不同职业、不同收入水平的人群各自的体育需求是什么。

3. 分析大众健身存在的问题

对所收集到的大众健身信息资料进行认真详细的分析,明确当前全民健身活动组织与管理所面对的主要问题有哪些,通过对所收集的信息进行分析、研究,对大众体育健身发展存在的问题进行调研与分析,制订相应的工作计划,并采取有效的行动,解决大众健身存在的问题,确保大众健身活动的顺利开展。

收集、归纳、整理、反馈大众体育信息,细致地分析与研究,可为全民健身发展工作的开展奠定良好的基础。

（二）加强基层体育健身服务建设

全民健身活动的开展,应落实到基层,落实到每一个社区、农村,落实到每一个人民群众身上,这就需要积极发挥基层体育组织工作人员的组织管理作用、充分发挥基层社会体育指导员的健身指导作用。

以大众体育发展需要为基础,重点做好以下工作。

（1）不断提高基层体育组织与管理工作人员的素质与活动组织、管理能力,增强其大致健身服务意识。

（2）注重社会体育指导员的培养,充分发挥社区、农村体育健身骨干和榜样的作用。

（3）注重社会体育指导员培训,要求培训要做到全面、有效、务实、专业,还要做好对大众健身中常见体育运动项目技能的培训。此外,由于社会体育指导员面对的是各个年龄段和不同层次的社区居民,因此除了掌握体育相关知识和技能外,还要学习一些社会学和心理学的内容,以便于为社区不同年龄、性别、需求的居民提供健身指导。

（三）结合群众实际搞好特色健身活动

就城镇化发展来说,我国各地区具有各自的优势与特点,因此各个地区都可以根据自己的实际情况开展一些便于开展的大众健身活动。

全民健身活动组织与管理,还应充分考虑大众的健身心理和习惯,不同地区具有不同的体育文化特点与心理特征,可结合地区大众经济基础、健身习惯、体育资源情况开发适应当地居民的健身活动,突出地域特点、社区特色。

（四）高效利用大众健身场所资源

活动场所是开展各类大众体育的重要物质基础,开发必要的大众体育活动场所,并合理有效的利用,是全民体育健身活动顺利进行的重要保证。

（1）公园与广场是全民体育健身的重要场所，它不仅具有环境优势，同时还具有展示性强、容易参与的特点，对于群众参与体育活动有很好的示范与带动作用。因此，要注意对这种形式加强组织与领导并给予高度关注。

（2）注重体育场所的合理布置。通过固定大众体育活动的场所，使大众形成健身依附感和归属感，促进人民群众体育健身活动的开展更加稳定、有规律。

（3）在充分利用体育空间满足不同居民健身活动开展需要的同时，为优化体育健身资源利用，应该充分利用学校、企业和政府机关等体育场地或空地等。

第三章 新时代全民健身的多维创新发展

新时代背景下,全民健身已成为社会共识,体育健身观念深入人心,全民健身进入了一个新的阶段,在当前社会转型期,人们的生活理念和生活方式的转变更加使得全民健身在人们日常生活中的地位变得越来越重要。全民健身理论研究落后于人民群众的健身实践已经成为一个不争的事实,全民健身实践需要理论创新指导和支持,如何促进全民健身的进一步深化发展,探索全民健身的科学、创新、可持续发展道路成为当下需要深入思考的问题。本章充分结合当前我国社会的发展动态,就全民健身与社会主义和谐社会构建、全民健身与竞技体育、全民健身与学校体育的协同可持续发展进行深入研究,并分析了全民健身背景下我国社会体育产业与市场的发展,以为新时代、新背景下探索全民健身的新内涵、新方式、新发展策略提供理论指导与启发。

第一节 全民健身与和谐社会构建

一、社会主义和谐社会

(一)和谐与和谐社会

和谐,是人类一种新的生活方式。在这种生活方式中,人与人的关系、人与自然的关系、人与社会的关系变得融洽、和谐;人的社会责任感更加强烈,并通过创造性的生活方式表达发展诉求,最终达到整个人类社会的和谐状态。

和谐社会,是全社会的人所处的环境、关系的和谐,是一种人与人、人与自然都和谐的社会,是自然因素与社会因素都和谐的社会。和谐社会是"一个多元化的社会,是一个宽容的社会,是一个秩序化的社会。"[1]

古代,我国先民所倡导的和谐社会主要体现在"社会大同"上,表达了人们对于和平、平等的美好生活的向往和追求,人们渴望受到(统治阶级的)重视,希望生活在没有战乱、百姓安居乐业、邻里关系融洽、家庭关系和睦的社会。

新时期,构建社会主义和谐社会,表达了人民群众当下对美好社会生活的向往。构建社会主义和谐社会是一个伟大的战略构想,和谐社会的构建能满足广大人民群众对建设理想社会的需求,与我国的国情(政治、经济、科技、文化等)现状是相适应的。

当下,和谐社会的构成和实现要求有以下三个方面的和谐。

(1)人与人、自然、社会的和谐。

(2)生产力与生产关系的和谐。

(3)经济基础和上层建筑的和谐。

(二)和谐社会的发展

和谐社会的发展离不开构成和谐社会的自然因素、人、社会关系因素等的和谐发展。各方面的和谐才能促进和谐社会的发展。任何一个方面、一种关系出现了问题,都不利于整个和谐社会的构建与可持续发展。

和谐社会是科学发展观的要义体现,重点是关注民生,只有人民生活水平和质量不断地提高,才能真正实现社会和谐。全民健身是提高人民生活质量和幸福感的重要战略措施。

---

[1] 夏思永,等.民族传统体育文化传承和民族和谐社会建设关系研究[M].重庆:西南师范大学出版社,2011.

二、体育与社会诸构成要素的关系

（一）体育与政治

"政治是人类最重要的活动"，政治是伴随着阶级、国家的产生而产生的，社会只要有阶层存在，就会有政治的存在。

体育竞技属性，竞技性是体育的最根本的属性，通过体育参与，可激发运动者的竞技心理、获胜欲望，通过比赛的胜负，能激起人的民族情感和爱国热情。有学者甚至明确指出，凭借着体育所带来的凝聚力和热情，一个落后的民族可以被激发，可以奋发成为一个强大的民族。体育兴国是许多国家都非常重视的促进国家发展的手段。

体育可影响政治，政治也可影响体育，政治对竞技体育的影响体现在政治干预上，政治对大众体育健身的影响主要体现在政策引导上。如古奥运会的举办，并不仅仅是单纯的竞技比赛，实际上这是一种富有非常重要意义的定期祭祀活动，是古希腊最有特点的文化展现。当时的古希腊城邦林立，战事连连，但各城邦约定在奥运会比赛期间不得发动战事，这就是所谓的"神圣休战"约定。直到今天现代奥运会的举办期间，国际依然倡议国际间不要有军事行动。在2000年悉尼奥运会的开幕式上，朝鲜代表队与韩国代表队在朝鲜半岛旗的引领下步入开幕式现场，给人们留下了深刻的印象，这是奥林匹克精神推动国际社会和谐的典型代表事件。

在我国，当前全民健身深入人心，并非一朝一夕就形成的社会常态，这其中政府发挥了重要的政策导向作用，全社会对体育健身锻炼达成共识，政府职能部门做了许多工作，发挥了重要作用。

（二）体育与经济

经济是一切人类文化发展的基础，没有生产生活资料，人类就不可能获得生存与发展,也就不可能进一步创造出绚丽多彩的文化。体育是一种特殊的文化形态,体育的产生与发展离不开经济的发展。经济对体育的发展有制约或促进作用,体育可促进经济发展。

体育运动是人类社会活动的一种,因此也必然受到经济的种种制约。以奥林匹克运动会的举办为例,举办一次奥运会需要大量的资金投入,申办奥运会的国家大都是经济发达国家,否则将难以承受巨大的国民经济支出,在奥运会的申办史上,也有国家因为经费问题而放弃举办奥运会的例子。2008年,第29届夏季奥运会在北京举办,中国是史上第一个举办奥运会的发展中国家。2016年,第31届奥运会在巴西的里约热内卢举办,这对巴西的经济也是一场严峻的考验。

体育发展需要专项资金和消费投入,经济发展可促进体育的发展。仍以竞技体育发展为例,很多运动项目最初只是小范围地传播,早期只有贵族有钱、有闲享受运动项目,穷人苦于生计,没有机会,也没有金钱去接受体育教育和观赏体育活动。此外,一些体育运动训练需要场地、设施支持,需要资金和技术投入,没有经济基础很难再有精力去从事体育运动。随着社会经济的不断发展,不仅上层社会贵族有时间和条件参与体育休闲运动,更多的民众也有休闲时间参与到体育活动中来,体育才得以广泛普及、传播、发展。

体育发展可促进国民经济发展。当前,随着我国经济发展重心的不断变化,基于低耗能、高收益、环保、科技等方面的考虑,我国已经将经济发展重点集中在发展第三产业上,第三产业在我国产业结构中的地位不断上升。体育产业的兴起与发展能充分满足人们对高质量物质、文化生活的需求,其产业的发展主要依赖于人们的身体参与,具有身体教育的功能,贴近人们生活。体育产业作为一种朝阳产业,能满足人们的不同需求,是广受欢迎、并极富潜力的一个产业。此外,体育产业的发展也相应地能带动其他产业的发展。以体育场馆建设为例,能促进钢铁产业、新兴材料产业、交通等的发展,可促进人们的体育消费,增加内需,同时,在场馆建设过程中还能提供较多的就业机会,这些对于我国国民经济的建设具有重要的促进作用。

(三)体育与环境

环保的根本目的是促进人类社会的可持续发展,体育运动致力于人类社会的健康、和平、友谊和进步。将环保纳入体育运动成为一种必然。历届奥运会中,都有对保护环境所做出的努力(表3-1),这些努力充分说明了体育发展对世界环境保护的重视,2008年北京奥运会和2012年伦敦奥运会都实现了体育发展与环境保护的有机结合,进一步提高了广大人民的环保意识,伦敦奥运会更被许多人称为是"史上最环保的运动会",通过体育发展,宣传环境保护,是体育为人类美好居住环境所具有的重要积极影响之一。

表3-1 历届奥运会的环保措施列举

年份	举办城市	具体环保措施
1988	汉城（现首尔）	美化城市计划,降低大气中粉尘和二氧化硫含量,改善水质,对汉江进行长达8年的治理
1992	巴塞罗那	提出"无烟运动会"口号,发布了《环保职责宣言》
1994	利勒哈默尔（冬奥会）	与环境保护主义者和当地居民合作,树立良好的生态保护形象;场馆以环保为主题,火炬是环保的,奖牌材料纯天然
1996	亚特兰大	贯彻环保政策,场馆设计与自然融为一体,奥林匹克公园以自然公园形式建成
1998	长野（冬奥会）	为了环保,放弃修建速降跑道;冬奥会与自然高度和谐,推出环保餐具等
2000	悉尼	无烟政策;临时性建筑;节能节水,重复使用;第一个将"绿色奥运"作为承诺,提出"环境保护主义——新的奥林匹克精神"口号
2002	盐湖城（冬奥会）	视环保为首要任务,为保护重要生态地区将滑雪项目赛场移至他地
2004	雅典	提出减少空气污染35%的计划,减少机动车辆,利用太阳能和风力供能等

续表

年份	举办城市	具体环保措施
2008	北京	提出"绿色奥运"主题口号,将可持续发展的理念贯穿于整个奥运周期,实现了环保、科技、人文的完美结合
2012	伦敦	提出"同一地球,统一奥运"奥运环保概念,奥运场馆"伦敦碗"建造为可拆卸可循环利用主场馆
2016	里约	提出"环境永续"主题,削减手捧花,改为木质玩具;奖牌绶带均为环保有机材料,各种细节都做到了"将污染排放降到最低"

一场奥运会的举办,能浓缩各种环境问题,既有建筑、建材、工艺、服装、器具等硬件导致的污染问题,也有人们的观念及行为等软性因素对环境的影响。奥运会对环境保护的良好示范具有普适性,能为社会环保做出榜样。体育明星的环保行为也能起到榜样作用,带动社会大众增强环保意识,付诸环保行为。

(四)体育与文化

体育是人类创造出来的一种社会活动,它不同于动物的本能活动,它具有文化意义。体育运动具备文化的各种特征(如继承性、阶级性、民族性、时代性等),体育内容丰富,体育深层的意识形态方面的内容(价值观念、意识形态、行为规范等)是人类精神文化的浓缩。

体育运动是社会文化的一种,从文化的角度来看,体育的价值绝非强身健体那么简单,通过体育参与可以对运动参与者的体育观念、体育精神、体育道德等产生影响,来影响运动健身者作为社会的人与社会文化的共处。

三、全民健身与和谐社会的构建与完善

(一)增强国民体质、促进国民经济发展

全民健身的推广、普及、参与,有利于增强人民的体质。全民健身的日常参与,能很好地改善个体的身体素质、生理机能、各器官和系统功能,有助于增强和改善养生者的身体状况。

全民健身对增强人民体质的作用是显而易见的,简单归纳为以下几点。

(1)促进生长激素分泌,促进生长发育。

(2)锻炼肌肉、灵活关节、强健骨骼、促进增长。

(3)强健身体,提高身体素质,增强身体抵抗力。

(4)养生保健,具有体育运动康复的效果与作用。

(5)愉悦身心,塑造健康心理,健身健心相融合。

广大健身者作为社会成员,人民体质的提高也必然意味着劳动力身体素质的提高。体育运动对经济的作用越来越受到人们的重视,这种作用主要在于提高劳动者的素质。在市场经济社会,劳动者成为社会的主体,劳动者的健康、休闲、娱乐,以及素质的全面提高必须受到重视。在建设小康社会、构建和谐社会的过程中,需要大量的劳动力投入,而具备良好的身体素质是社会经济建设的重要基础。而全社会的劳动者身体素质的提高必然可以使工作效率更高,更有利于促进国民生产的提高。

(二)丰富人民群众的社会生活情感

全民健身是人们社会生活中的有机组成部分,使人们的生活更加丰富。

和谐社会的和谐内容是多元的、全方位的。和谐社会,即关注人的全面健康发展,包括身体健康、心理健康、社会健康等多个层面的内容。

就心理方面来讲,全民健身参与过程中,运动健身者有许多心理情感的付出和较多心理活动的变化,因此,运动健身参与,有助于丰富人们的精神生活。在社会和谐价值内涵中,文化内容的形式多样,和谐社会的构建,需要多元文化的共同参与。全民健身文化是我国体育文化的重要一部分,全民健身活动在我国的广泛开展,有助于现代社会环境下良好健身活动中的公平、友好、竞争、合作的社会关系的建立,有助于缓解社会矛盾,调动大众社会生活的积极参与,丰富个人社会生活和情感。

（三）形成科学休闲观

从人的社会性发展来看,休闲为个人更进一步地提高社会适应能力、构建良好社会关系、提高创造力奠定了良好的心理环境。现代社会密集型的生产和对时空的高度组织、学习方式以及信息社会中高虚拟式的室内活动方式,使得很多城市的居民已经进入了消极休闲的状态之中,产生了一种失去了拥有自己身体的感觉。消极的休闲容易使人懒惰和懈怠,降低人的运动能力。

现代休闲社会,人们休闲时间的增多会导致人们在闲余时间从事不同娱乐活动的选择增多。当今社会,竞争激烈,人们所面临的各种压力纷至沓来,休闲时间更多的是情绪的宣泄和身心的放松。现代文明给人们带来了诸多休闲活动,如电子竞技、网络游戏,这些不良休闲活动对人们价值观的引导有时是错误的;另一方面,休闲时间越多,人们对自我生活的控制力就越弱,这种由休闲而产生的失落感、愧疚感、心理失衡等就越多,严重的还会因休闲导致自杀和犯罪行为。

全民健身所形成的全社会范围内的体育休闲在增强运动者体质、意志品质培养、人际关系建立等方面均具有积极的意义,是一种积极健康的休闲方式,是一种理智的休闲,越多的人参与全民健身,就越能实现整个社会休闲观念的健康发展,从而避免不良社会带来的一系列社会问题。

全民健身的广泛推广与发展与当前社会进入休闲社会有着非常密切的关系。新时期,全民健身深入人心表现了大众休闲观念的转变。全民健身文化是一种社会文化,参与全民健身,极大地丰富了人们的业余文化生活,有助于形成科学的休闲价值观。

（四）形成健康社会氛围

全民健身参与是一种全民性的体育运动参与,是一种健康的社会休闲,是社会大众健康心理情绪的抒发和表达,并在健身过程中与人友好相处,促进各社会成员形成健康的心态,形成一种良好的社会文化心态,营造和谐社会氛围。

在全民健身各项身体健身活动中,体育健身运动内容和形式丰富多样,运动水平、年龄以及规则等因素对全民健身的影响较小,对于运动者来说,其参与全民健身,可以以自身需要为依据,对全民健身项目进行有目的性的选择,而不用考虑在练习过程中的竞技、对抗。其更强调自身发展。

全民健身以健身、健心为运动基础,对体育的审美与娱乐比较重视,对人的积极心态的培养比较注重,运动健身过程中不过度追求竞技体育的高度、远度、速度,不管是对新的运动成绩挑战的成功还是失败,都是一笔宝贵的运动经验与财富,其更强调身体得到活动、舒展、发展进步,通过运动获得快乐。

全民健身推广与参与,对社会建设具有重要意义。具体来说,全民健身运动的健身意识和健身文化鼓励人们通过参与体育来调节生活、热爱生活、享受生活,积极促进自身人格的完善,这是人自身和谐和社会和谐的重要基础。

(五)形成健康社会生活方式

参与全民健身,有利于民众在闲余时间形成一种健康的生活方式、积极向上的生活态度。在全民健身教育中,通过引导运动者合理安排自己的闲暇时间,可以促进运动者摒弃落后、愚昧、腐朽的不良休闲方式,抵制精神污染的发生,尤其是对于青少年和青年人来说,能帮助他们摆脱追剧、刷微博、打电玩、吸烟酗酒等不良休闲习惯和方式,进而形成科学合理的生活习惯和健康的生活方式。

运动健身对身心发展有益,参与全民健身是全社会成员增进身心健康的社会集体性行为,社会大众在生活、学习、工作之余,积极参与全民健身,可以使人们的身体得到有益的锻炼,从而使运动参与者的身体健康保持在较高的水平和状态,对于整个社会的大众社会生活方式是一种重要的健康转变。

（六）形成良好社会关系

人际关系的正确、和谐处理需要一定的情商和不断实践、积累经验。要想达到与他人人际关系的和谐，主要追求的目标就在于能够与他人形成一种人与人之间的公平、公正的状态之中，而一旦这种平衡状态被打破，就会显现出人际关系问题。在人际关系顺畅的状态下，每个人都享有各自的权利与义务，且权利与义务对于单个个体来说基本是相同的，特别是在团队中尽量不要有人被特殊化对待。但尽管如此，始终保持人际关系的和谐也并不是一件容易的事情，人本身就是一种情感类生物，人们的想法和精神状态会由于经历过不同的事情而发生或多或少的改变，不过只要秉承人际和谐的总的宗旨，即便个体之间难免发生了某种冲突，在经过沟通和交流后仍旧能促进关系缓和、融洽。

全民健身参与，实现了不同健身者在个人和群体健身过程中的与人相处、与人的关系的调节，并促进个体融入集体当中，参与群体性的健身活动。在群体健身活动中，健身者的不同社会角色的转变，能为运动者学会正确处理与他人之间的关系提供实践操作的平台与环境，最终有助于健身者与周围的人形成良好的社会关系。

（七）促进社会精神文明建设

从体育与人类发展关系的角度来说，体育运动的文化价值就在于人自身的价值，就是人的全面、自由、和谐的发展，是人的身心的完美展开和全面实现，是个体人格和社会人格（即个人性与社会性）的和谐与统一。

运动实践表明，通过参与全民健身，会在很大程度上促进运动者心理的积极反应，引导人们积极向上，不断推进社会的精神文明建设，并促进社会向进步的方向发展，实现整个社会的健康生活与发展。

全民健身作为社会文化的一种形式,能充分满足健身者的多元自我发展和社会性发展的需要,从而促进自我和谐与社会和谐。具体表现有以下四点。

（1）满足社会大众的娱乐性与消遣性需求。

（2）满足社会大众对健康美和生活美的需求。

（3）满足社会大众自我发展的需求。全民健身过程中注重休闲的丰富性与趣味性,能使运动者放松身心和感受到轻松和睦的友善氛围,充满了和谐。

（4）满足社会大众的多种社会角色的情感需求,使得健身者在社会大众中推广和普及全民健身,有利于创造一种合作、奋进、友爱的社会环境,促进社会主义精神文明建设。

总之,全民健身运动不仅有助于提高人的整体素质,同时还对精神文明的建设具有重要的推动作用。

（八）促进社会开放、社会包容

文化的产生是人类改造环境的结果,体育作为一种特殊的文化形态,它同人类通过劳动改造和创造环境一样,体育也改造和创造着环境——人类自我的个体生理环境,乃至社会群体的生理、心理环境。

体育是一种特殊的社会文化,通过参与全民健身,人们还能更深层次地认识到社会文化发展的开放性,从而以开放的心态面对自我和社会发展。

具体来说,全民健身可以强化人们的开放意识,全民健身的产生与发展都离不开社会各方面要素的发展。任何体育运动的出现和发展都是一个重要的社会进步与文化发展的现象,其对社会各个领域如政治、经济、哲学、道德、教育、美学等产生的影响都是广泛而深远的,在全民健身发展过程中,其发展需要依托社会政治、经济、文化等各方面的力量,这就是全民健身发展的开放性。

此外,全民健身内容丰富、形式多样,对国内外各种体育健身新内容和新形势不断挖掘、引进,也充分体现了全民健身的开放性。

全民健身体育心态的开放性可促进健身运动者的开放和包容心态的形成。

(九)提高国家文化软实力

国家文化软实力是推动社会主义文化大繁荣的重要保证,体育文化是国家软实力的重要组成部分。①

全民健身的广泛推广与普及在全社会范围内是重要的体育文化推广,对于我国体育文化的发展具有重要的推动作用,同时也有助于我国社会主义文明建设的进步,对国家整体的文化自信建设、文化软实力发展具有重要的促进作用,同时,也有助于促进我国的社会文化和谐。

第二节 全民健身与竞技体育的协调统一发展

一、竞技体育对全民健身的发展促进

建立在公平、公正、公开的竞争原则基础上的,注重人的潜力发掘的积极向上的体育文化。

(一)竞技体育发展对全民体育参与的号召作用

竞技体育发展是国家体育发展的一个重要标志,新时期,我国致力于建设体育强国,重视竞技体育的发展,尤其是借助大型体育竞赛的影响和号召力,对全民健身进行教育和普及宣传,营造社会体育氛围,促进大众体育健身发展。

以我国2008年奥运会为例,该次奥运会并非一次短时间的

---

① 闫纲.论体育文化的软实力作用[D].河北师范大学硕士论文,2017.

竞技体育盛会,而且还是促进大众健身热情和推动群众体育事业发展的重要契机,为大力推广人民群众健身参与,国家体育总局抓住机遇,借势造势,全力唱响"群众体育与奥运同行"主旋律,通过举办奥运会来提升全民族的奥运和健身意识。

(二)明星运动员对全民体育参与的榜样作用

竞技体育运动的发展对全民健身热潮具有重要的促进作用,其中,明星运动员的体育运动榜样带领作用十分明显。

以我国网球运动发展为例。2011年,在澳大利亚网球公开赛上,李娜在法国网球公开赛女单比赛中夺冠。2014年1月25日,李娜勇夺澳大利亚网球公开赛女单冠军,成为亚洲首位网球大满贯得主。2014年2月17日,彭帅正式登上女双世界第一的宝座。2014年6月8日,彭帅、谢叔薇夺得法网女双冠军。我国网球竞技运动所取得的良好成绩极大地点燃了我国民众对网球运动的关注和对网球参与的热情,网球健身运动都得到了广泛的发展。随着网球运动的全民普及,网球运动大众健身热潮在我国不断兴起,在竞技网球的引领下,我国大众网球得到了一定程度的普及与发展,网球逐渐进入人民大众的视野和生活,成为深受全民喜爱的一种运动形式,这就进一步促进了网球运动文化的繁荣与发展。另一方面,随着我国《全民健身计划纲要》的实施,群众的体育锻炼意识不断加强,网球运动体育设施基础不断改善,大众网球运动在我国掀起了新的运动高潮。网球运动成为当前实施全民健身计划的重要运动项目之一。近年来,随着我国网球运动一批优秀的老运动员的退役,我国竞技网球发展水平有所下降,民众的网球运动关注度也逐渐下降,网球健身热潮也逐渐淡化。由此可见,竞技网球发展对网球健身运动具有重要的影响。

二、全民健身对竞技体育的发展促进

(一)人才基础

全民健身的广泛普及与发展,在全社会范围内形成良好的健身形式,能增加体育人口,有助于更好地发现与培养运动人才,为竞技体育运动的发展奠定良好的人才基础,这一点非常重要和必要。

(二)群众支持

竞技体育的发展需要人民群众的广泛支持,竞技体育与社会其他各方面的发展有着非常密切的关系,而且竞技体育是在健身基础上的体育发展,如果人民群众的日常生活水平、健身需求无法得到满足,那么这种条件下的竞技体育无疑将成为空中楼阁。因此,竞技体育的发展必须要以全民健身发展为基础,获得群众的广泛支持。

三、全民健身与竞技体育的协调发展促进

(一)依托全民健身宣传竞技体育

发展全民健身,可吸引大众参与到体育运动中来,进而更多地关注体育赛事,关注竞技体育运动的发展。

以健身跑为例,在当前全民健身背景下,民众健身跑热情高涨、发展迅速,越来越多的"城市跑步族""夜跑族""周末跑步健身"走进大众的日常生活。在这样的社会背景下,马拉松健身跑也同歌星的巡回演唱会一样在各大城市间相继举办,不同的是,大众追求的是健康的身体参与,而且惠民性更广、更长远。田径一直是包括我国在内的亚洲各国的短板,而群众性的走跑健身能

让更多的人关注竞技走跑,这就为田径赛事带来了很多的观众量,可以促进田径赛事的发展,也能使更多的人关注我国竞技田径运动的发展。

(二)推广体育明星鼓励大众健身

体育明星具有重要的社会影响力,具有巨大的商业开发价值。企业可以运用体育明星的明星效应来提高自己产品的知名度,体育相关部门也能借助体育明星举办各种体育文化宣传推广活动,发挥运动员的明星效应,呼吁大众健身参与。

开发体育明星的大众健身推广价值,应重视以下几个方面。

(1)体育明星的名气和声望。从运动员所从事的小球运动项目以及所取得的运动成绩两方面来考量。热门运动金牌含金量较大,冷门项目难以得到关注;取得越多、含金量越高的成绩优异的运动员的健身推广利用价值越大。

(2)体育明星的气质及个人魅力。通常来说,越具有个性的体育明星就越容易得到大众关注和青睐。

(3)充分考虑明星运动员的道德素养。

第三节　全民健身与学校体育的相互促进发展

一、学校体育对全民健身的发展促进

(一)体育人口基础

当前,我国学生人口众多,基数大,他们是未来全民健身的重要参与者,是全民健身的后继参与者,身体力行的体育健身参与,对于切实增强学生的身体、心理、社会素质等具有重要的作用。可为以后大众健身奠定体育健身习惯、健身能力基础。

学生在学校参加体育活动是一种必须履行的责任和义务,是

具有强制性的。通过学校体育教育,使学生掌握几项体育运动技能,鼓励学生根据自己的兴趣爱好,有选择地参加体育运动,这样不仅能满足学生们的精神需要、参与激情和求知欲望,发展他们的体育兴趣和体育特长,奠定终身参与体育运动的基础,而且也为以后走上社会继续参加体育锻炼奠定基础。

此外,在学校体育教学中,促使学生的体育欣赏素养得到本质提升,有助于学生的身心健康、全面发展,有助于学生成为一个拥有健康人格品质的人,这对于学生成为未来社会的合格建设者是十分重要的。

(二)体育意识基础

在校园开展学校体育,促进学校体育发展,鼓励越来越多的学生参与到体育运动中来,有助于不断强化学生的体育健身意识。

体育精神在体育比赛中能得到良好的体现,体育规则是任何一个运动者参加体育比赛都必须遵守的,体育比赛是个人、团队之间在竞赛规则允许的范围内,展开智力与体力的竞争,同时也是道德间的竞争。在体育活动中,个人与集体之间的关系,人与人之间的合作、鼓励、谅解、尊重,对学生来说是一种丰富而又积极的情感体验,能使大学生从中受到启迪和无比深刻的教育,有助于培养学生良好的体育道德、规则意识。

(三)培养良好体育素养

学校体育参与,无论是亲自投身到体育运动实践中去,还是通过观赏各种体育活动间接参与体育活动,都有助于丰富学生的体育知识、体育精神、体育道德,有助于提高学生的体育文化素养,对于学生更进一步地关注体育、参与体育具有重要的促进作用,对学生走出校园,在社会中直接或者间接参与到社会大众体育活动中去具有重要的帮助作用。

二、全民健身对学校体育发展的促进

(一)社会健身氛围

全民健身的健康发展,能在整个社会营造一个良好的健身环境和氛围,使得在全民健身发展趋势下,体育教学应充分考虑学生的个人发展和社会发展二者的协调统一,如此不断促进学校体育的发展,使学校体育教学能够顺应时代发展的需求,顺应全民健身的发展需求与发展趋势。

(二)校外体育教育的有益补充

大众体育健身娱乐教育,是一种社会服务,建立和完善大众体育健身娱乐教育服务体系,依靠社区体育俱乐部和健身俱乐部开展形式多样、内容丰富的体育健身活动,有助于促进社区居民的健身参与,这对学生来说可能是一种良好的家庭健身教育示范。

健身俱乐部是普及体育健身教育服务的重要补充。目前,各种健身娱乐场馆遍布全国各大城市的街头巷尾,许多综合性的健身俱乐部中都有开设体育健身场所,许多青少年体育健身、竞技培训班都是学校体育教育的有益补充。

三、全民健身与学校体育的相互促进发展

学校体育的目的是增强学生的体质,培养学生的体育能力,拥有良好的思想品德和意志品质,促进学生身心全面健康发展,并树立终身体育意识,坚持锻炼,成为社会合格接班人和建设者。

社会体育与学校体育是相互补充、相互促进、相互受益的,能间接促进我国社会体育事业的发展。

(一)校内外体育活动的融合发展

一方面,在学校体育发展过程中,落实"健康第一"的指导思想,有效地增进学生的健康,增强学生体质,学校体育就必须走课内外、校内外一体化的整体改革的道路。

另一方面,学校体育发展不能仅仅局限于校园内,学生在学校的课内时间和空间毕竟有限,应该将校内外体育活动有机结合起来,将学生在课外、双休日、节假日的时间合理利用起来,同时,将体育课程拓展到家庭、社区、体育俱乐部,以及田野、山林、沙滩等自然环境中去,真正使学校体育冲破课堂束缚,也使得学校体育能顺应全民健身共同发展。

(二)大众健身与学校体育的资源共享

大众健身与学校体育发展应该实现资源共享,并且有实现资源共享的可能性。

首先,学校拥有良好的师资力量、专业的体育场馆,这些人力、物力资源可在节假日向社会开放,充分促进大众健身的发展。

其次,大众健身拥有广泛的群众性健身路径,如社区体育健身,这些健身路径可作为学生校外健身锻炼的有益补充。全民健身成果人人共享,包括在校学生。

第四节 全民健身背景下的社会体育产业与市场发展

一、体育产业概述

(一)体育产业分类

当前,我国体育产业大体可分为以下几类。

(1)体育本体产业。发挥体育自身的价值和功能,提供体育服务的各种产业。

（2）体育用品业。包括体育用品制造业、体育用品销售业（体育用品批发和体育用品零售业）。

（3）体育健身娱乐与培训业。提供健身娱乐服务的经营活动、带有经营性质的体育培训活动，如大众体育俱乐部。

（4）体育训练与竞赛业。职业俱乐部组织进行的训练和竞赛及其他商业性质体育训练和竞赛，包括各种体育表演。

（5）体育新闻媒介业。包括各类传统和现代大众体育宣传媒体与平台。

（6）体育广告业。推广赛事，发布体育产品信息以及市场状况的调查等信息。

（7）体育彩票业。发行各类体育彩票。

（8）体育经纪与代理业。从事体育竞赛、表演、运动员转会等经纪代理业务。

（9）体育旅游业。包括特色体育旅游，如滨海体育旅游业、冰雪体育旅游以及各种户外运动项目等。另外，还包括体育交流和观看比赛等进行的体育旅游活动。

（10）体育建筑业。举办相应的体育赛事时的场地设施建造。

（11）体育相关产业。体育相关产业即为与体育密相关的，为体育产业提供服务和支持的各种经营活动。

（二）社会休闲体育产业发展

社会体育产业中，休闲体育产业与大众健身活动息息相关。社会休闲体育是全民健身发展的重要产业基础。

在全民健身中，休闲体育产业发挥着重要作用，全民健身的发展离不开休闲体育，并对休闲体育的推广起着推动作用。休闲体育与全民健身两者是相互促进的关系，相互影响，联系密切。

当前，社会休闲体育产业的发展，以为大众健身提供健身技术指导、健身用品、健身旅游活动服务等，丰富大众的健身活动。社会休闲体育产业发展前景广阔。

二、全民健身背景下体育产业与市场发展的对策

（一）推广大众健身赛事和文化活动

大众体育健身赛事的开展对于大众健身活动的促进具有重要的积极推动作用。大众健身赛事与竞技体育赛事相比，更具观赏价值，并且观赏难度小，不仅可以丰富人们的文化娱乐生活，而且可以展现和强化爱国主义精神。

现阶段，我国大众健身群众基础广泛，多举办一些大众健身方面的赛事和大众健身文化娱乐活动，使各种体育运动项目始终在社会体育、人们生活中保持热度，使关注和参与体育健身锻炼成为一种社会时尚，促进大众健身发展，为社会体育产业和市场发展提供更加广泛的消费者群体。

（二）鼓励更多健身俱乐部入市运营

近年来，我国健身房数量与健身人群持续扩张，成规模的健身房1万多家（对应的健身俱乐部约5 000家），健身人数的增加使得体育健身产业成为我国一个迅猛发展的行业。

当前，各种大众健身俱乐部在我国体育俱乐部中所占的比例虽然不高，但是这一比例正在快速提升，我国大众健身市场前景广阔。

放宽市场准入，鼓励更多健身俱乐部入市，对于活跃我国体育健身产业市场具有重要的促进作用。

（三）完善体育产业与市场管理体制

（1）发挥政府对体育工作的宏观管理职能，在加强多种行政权力对体育管理的投入的同时，促进体育文化产业的各市场实体的发展，推动市场的扩大。

（2）政府应提高自身管理队伍的素质。

（3）加强基层体育组织的改革,政府应发挥其在基层体育组织建设方面的引导作用,调动社会各方面的力量,综合各方面的资源,促进基层体育的发展。

（4）注重加强相应的运动项目协会的建设,建立和完善相应的管理体系。

（5）注重新型的管理模式的探索,发展适应我国国情的体育竞赛管理模式。

（6）注重发挥市场在资源配置中的主导作用,开放体育竞赛市场。

（四）加强体育产业与市场法制宣传

当前社会,随着现代化传播工具的快速发展,以及先进的大众传播理念的发展,利用大众媒体加强相应的法制法规的宣传和教育变得轻松而简单,这对体育产业与体育市场的规范化发展具有积极的意义。

加强体育产业与市场法律法规的宣传,有利于大众树立正确的体育法制观、价值观,从而在人们进行体育消费行为时,规范自身行为、监督经营者行为。

（五）加强体育产业人才培养

推动社会生产力发展最为重要的因素就是人才。人才的培养和人才体系的构建是体育产业化发展的重要内容和手段,是影响体育产业的重要因素。因此,应注重体育人才的培养和使用等方面的制度建设。

（六）打造大众健身文化品牌

品牌是产品的无形资产,好的品牌对消费者具有很强的吸引力,品牌是市场主体追求竞技效益应该充分考虑的一个重要因素。在社会生活中,良好的品牌所具有的潜力,以及其对于企业发展的促进作用日益显现。

当前，我国的体育发展水平相对较高，但是，体育以及体育文化的品牌等方面并未取得较好的优势。因此，政府、地区以及企业管理各方面都应该积极打造体育文化品牌，加强打造体育文化品牌的意识。体育文化产业的发展应树立相应的强势品牌，打造自身的品牌文化和品牌理念，在市场竞争中树立起品牌优势，建立和打造优秀的体育文化产业的品牌，以有效推动体育文化产业的发展。

第四章　全民健身理论体系的科学构建

全民健身惠及的社会人群广泛，健身者各有特点，健身认知与基础各不相同，健身体育运动项目内容与方法选择千差万别，在健身实践过程中会遇到各种各样的问题。这些问题不可能找体育社会指导员或健身教练一一帮助解决。为此，每个大众健身者都应该不断加强体育健身理论知识学习，不断丰富自身的健身理论知识体系，以便在健身实践中能及时地发现、解决问题，确保健身的安全和健身过程的顺利开展。本章重点就全民健身中健身者应掌握的基本健身理论知识进行系统解析，分别涉及健身学科理论、健身疲劳恢复、健身营养保健、健身伤病处理等方面，以为健身者科学健身提供理论指导。

第一节　全民健身的学科理论基础

一、全民健身的生理学基础

新陈代谢是人体生命活动的基础。健身运动过程中，机体的生理活动需要体内物质代谢提供营养和能量以满足机体运动需要，如果机体的这些最基本的代谢过程弱化或者不正常，则会使机体运动能力的正常发挥受到影响，甚至可能影响正常的生理活动。在此重点就健身过程中机体的物质和能量代谢进行详细解析。

（一）体育健身中的机体物质代谢

物质在机体内的代谢大致可分为两类，即分解代谢和合成代谢，结合人体六大营养物质，详细分析各物质在机体正常生理活动以及健身运动中的代谢情况。

1. 糖代谢

（1）糖的分解代谢

糖类是人体的重要营养物质和功能物质，人体摄取了植物或动物性食物中的糖后，在消化酶的作用之下，转变为可以被人体吸收的葡萄糖分子（果糖可直接被吸收，不需经转变），经小肠黏膜的上皮细胞葡萄糖运载蛋白转运进入血液，成为血液中的葡萄糖——血糖。

（2）糖的合成代谢

血糖可以合成糖（原肝糖原与肌糖原），运动中机体消耗的ATP、CP和肌糖原，糖的分解代谢释放的能量能够满足机体运动对能量的需要。

此外，肝脏还可以将体内的一些非糖质物质（如乳酸、丙氨酸、甘油等）合成葡萄糖或糖原，这一过程即为糖的异生作用。

2. 脂代谢

脂肪是人体的第二大能量来源，脂代谢与人体健康有着非常密切的关系，通常脂代谢的正常意味着人体的心血管功能的正常。

脂肪通过食物进入人体会经历以下代谢过程。

（1）水解：脂肪具有疏水性，可在体内水环境中被酶解，借助机体自身以及机体摄入的各种乳化剂形成乳浊液。

（2）转化：脂肪形成甘油、游离脂肪酸和单酰甘油，少量的二酰甘油和未经消化的三酰甘油。

（3）吸收：机体通过两种方式吸收脂肪，一种是脂肪通过小肠上皮细胞直接吞饮脂肪微粒或脂肪微粒的各种成分进入小肠上皮细胞形成乳糜微粒被吸收,另一种是乳糜微粒和分子较大的脂肪酸进入淋巴管,甘油和分子较小的脂肪酸溶于水,扩散入毛细血管。

(4)储存:人体吸收的脂肪主要在皮下、大网膜、肌肉细胞中等脂肪组织内储存。除此之外,人体的脂肪还可以合成磷脂、糖脂、脂蛋白等进行转化储存。

(5)分解:如果机体需要脂肪供能,则毛细血管的脂肪分解成二碳单位,最终生成 CO_2 和 H_2O。

体育健身期间,脂肪通过有氧代谢分解为运动提供能量,作为长时间中低强度运动的主要供能物质。

3. 蛋白质代谢

蛋白质是重要的生命物质,它是构成机体细胞的主要成分。

(1)蛋白质的分解代谢

人体通过食物摄取获得蛋白质,在消化液的作用下,蛋白质分子分解为氨基酸,被小肠吸收。

(2)蛋白质的合成与储存

氨基酸被吸收后,几乎全部通过毛细血管进入血液,可在各种不同的组织中重新合成蛋白质。蛋白质的合成比较复杂,首先,蛋白质按照DNA模板上核苷酸排列顺序转录成mRNA。其次,接受了DNA遗传信息的mRNA作为蛋白质生物合成的直接模板,在tRNA(携带并转运氨基酸)、rRNA(核糖体RNA)的共同参与下,翻译成蛋白质中氨基酸的排列顺序。

(3)蛋白质的再分解

随着生理活动的加剧,如人体在参与体育健身时,人体内蛋白质的分解可参与机体生理活动并提供一小部分运动所需能量。

4. 维生素代谢

维生素是维持人体生长发育和代谢所必需的一类小分子有机物,是人体必需营养物质,人体内不能合成维生素,需要通过食物供给。

人体中,大多数维生素都会参与辅酶的组成,如果缺乏维生素就会对酶的催化能力产生影响,引起机体代谢失调。

维生素参与机体的物质和能量代谢过程,因此,机体在参与体育运动健身锻炼过程中,如果缺乏维生素,可导致机体运动能力的降低,因此,健身期间应注意维生素的补充。

5. 无机盐代谢

无机盐,也称矿物质,是人体的重要组成部分,无机盐在食物中大量存在,食物中不同的无机盐被人体吸收的程度也有所不同。

（1）无机盐的吸收

人体从食物中摄取无机盐,一般单价碱性盐类,如钠、钾、铵盐被人体吸收得很快;多价碱性盐类被人体吸收较慢。与钙结合而形成沉淀的盐,如硫酸盐、磷酸盐和草酸盐等,不能被人体吸收。

（2）无机盐的储存

被人体吸收后以两种形式存在于人体:第一种,无机盐作为结构物质,以磷酸盐的形式存在于骨骼中,如钙、镁、磷元素等。第二种,无机盐被解离为电解质,如钙、镁等,其存在形式主要是离子(在体液中解离为离子),称为电解质。

（3）无机盐的分解

运动健身过程中,人体内的离子(电解质)可随出汗而大量流失,流失过多可能出现肌肉无力、心脏节律紊乱、肌肉抽搐、疲劳等不良状态。

6. 水代谢

水是生命之源,水占机体的70%,保持体内水分代谢平衡,不仅是运动健身的重要基础,更是维持机体正常生命活动的重要保证。

体内大部分水分是从食物和饮料中得来的,只有小部分是由体内物质代谢过程中产生的。水在机体的细胞中以两种形式存在:一种是游离水,约占95%形成细胞内液和细胞外液;另一种是结合水,通过氢键或其他键同蛋白质、糖原分子等结合,约占 4%～5%。

人体内水的排出形式有两种形式,一种是通过肾脏以尿液的形式排出体外,另一种是通过皮肤、肺以及随粪便排出。体能训练可使运动员大量出汗而导致机体缺水。

(二)体育健身中的机体能量代谢

人体有三大供能系统,这三大供能系统持续不断提供能量,促进人体的正常生理活动和运动健身的顺利进行。

1. 磷酸原系统

人体的 ATP(三磷酸腺苷)、CP(磷酸肌酸)均可通过高能磷酸基团的转移或水解释放能量,故将 ATP、CP 这种含有高能磷酸基团的物质称为磷酸原。将 ATP、CP 分解释放能量和再合成的过程,称为磷酸原或 ATP-CP 供能系统。

(1) ATP

ATP 是肌肉活动、细胞活动唯一的直接能源,ATP 水解的放能反应可释放大量能量供运动所需(图 4-1)。

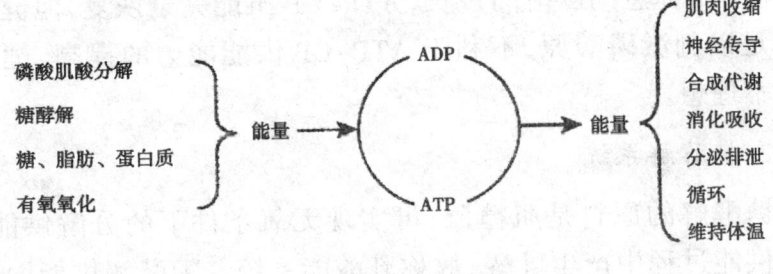

图 4-1

(2) CP

CP 是人体的一种高能量化合物,可分解释放能量重新合成 ATP(图 4-2)。CP 在人体内的储存量也极为有限,且 CP 会在极高强度肌肉活动中被消耗殆尽。

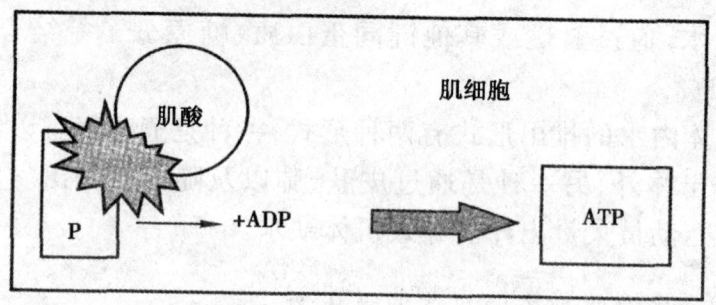

图 4-2

（3）ATP-CP 系统

CP 和 ATP 是大分子物质，不能被人体吸收，所以不能直接用作营养补剂。人体中的 CP 和 ATP 都是转化生成的，ATP-CP 系统的能量物质可在肌肉细胞中大量储存，且 ATP-CP 系统反应涉及的化学反应相对较少，可被细胞直接利用，因此 ATP-CP 系统是人体内最迅速的能量来源。ATP-CP 供能快速，能量输出功率高，因此也是最大强度或最大用力运动中能量的主要来源。

体育健身中，把握 ATP-CP 供能规律有助于间歇时间的合理安排，如间歇时间太短，磷酸原恢复量少，重复运动所需能量由糖酵解提供，可使机体血乳酸水平明显上升，导致过早疲劳或加重疲劳产生；休息间歇时间过长，ATP-CP 虽能完全恢复，但健身密度不足以刺激磷酸原，不利于 ATP-CP 供能能力的提高，健身效果并不理想。

2. 糖酵解系统

糖酵解的原料是肌糖原，可实现无氧条件下的分解供能，因分解供能过程中产生乳酸，故称乳酸能系统。糖酵解供能用公式简单表示如下：

$$骨骼肌糖原或葡萄糖 \xrightarrow{糖酵解} ATP + 乳酸$$

糖酵解系统供能的重要意义是在缺氧的情况下仍能产生能量，以供体内急需。10 秒以上且强度很大的运动，则无法满足机体能量所需。

健身过程中，如果氧供应不足，人体骨骼肌糖原或葡萄糖酵解,生成乳酸并释放出能量合成ATP,用以补充在运动中消耗的ATP,维持运动的继续进行。

3. 有氧氧化系统

安静状态下或有氧健身时,机体氧供应充足,运动所需的ATP主要由糖、脂肪等有氧氧化来供能,这种有氧氧化供能系统称为有氧氧化系统。

(1) 糖的有氧代谢

肌糖原或葡萄糖被彻底氧化分解成 H_2O 和 CO_2,并释放大量能量,这就是糖有氧代谢。一般的,1摩尔糖原可以被完全氧化成 CO_2 和 H_2O,并产生39摩尔ATP,消耗6摩尔(134.4升)的氧气。糖有氧代谢可以简单表示如下。

$$骨骼肌糖原或葡萄糖 \xrightarrow{有氧氧化} ATP+CO_2+H_2O$$

(2) 脂肪的有氧代谢

作为细胞燃料,人体内贮存的脂肪参与供能只能通过有氧代谢这一途径,因此,参与有氧运动可燃脂瘦身。氧化过程可简单表示如下:

$$脂肪 \xrightarrow{有氧氧化} ATP+CO_2+H_2O$$

体育健身过程中,脂肪可以用作有氧氧化系统的燃料来重新合成ATP。1摩尔棕榈酸经氧化后能够产生130摩尔ATP。要完全氧化1摩尔棕榈酸,人体要摄取23摩尔(515.2升)的氧气。以脂肪作为燃料,每重新合成1摩尔ATP,人体便要摄取 $512.2 \div 130 = 3.96$ 升的氧气,这比用糖原作为燃料时消耗多约15%的氧气。

(3) 蛋白质的有氧代谢

蛋白质分解代谢,氨基酸再经脱氨基作用等代谢过程,最终生成氨、CO_2 和 H_2O。这一过程可用以下公式表示:

$$蛋白质 \longrightarrow 氨 + CO_2 + H_2O$$

蛋白质供能代谢不是人体运动所需能量的主要来源。一般在身体处于饥荒、糖原消耗殆尽或非同寻常的耐力项目,蛋白质常用作有氧氧化系统的燃料来重新合成 ATP,蛋白质对提供热量作为肌肉活动的贡献非常少。

综上所述,每个供能系统都有其独特的特点和供能能力(表4-1)。参与不同的健身运动项目机体的供能特点和状态不同。了解机体运动过程中的物质代谢与能量代谢有助于运动者有针对性地开展训练,以提高机体不同供能系统的供能能力,以增强体质、增进健康和提高健身效果。

表 4-1 三大供能系统的特点

供能系统	能源物质	输出功率	供能时间
ATP-CP 系统	ATP、CP	最大	最大为 6～8 秒
糖酵解系统	肌糖原、血糖	约为 ATP-CP 系统的 50%	30～60 秒达到最大,可维持 2～3 分钟
有氧氧化系统	肌糖原、血糖	约为糖酵解系统的 50%	1～2 小时
	脂肪	约为糖酵解系统的 20%	理论上无限

二、全民健身的心理学基础

(一)体育健身的心理影响因素

1. 动机

动机(Motive)是推动一个人进行活动的心理动因或内部动力。动机是个体的内在过程,是行为产生的前提。动机诱因多样、类型丰富(表4-2)。了解运动者动机类型,可有针对性地刺激其积极参与体育健身。

表 4-2 动机分类及内容

分类依据	动机类型	动机内容及其表现
动机起源	生理性动机	天性个体需要,如饥、渴、性、睡眠等动机。受社会生活条件的制约
	社会性动机	与人的社会性需要相关,后天习得,如兴趣、交往、成就、权力等

续表

分类依据	动机类型	动机内容及其表现
动机原因	内在动机	由运动快乐和满足引起,不受外界条件影响
	外在动机	由活动外的刺激诱发,受外界条件影响,如努力工作挣钱而非兴趣使然
动机作用	主导性动机	在个体的活动中的作用强烈、稳定,处于支配地位
	辅助性动机	在个体的活动中的作用较弱、较不稳定,处于辅助地位
动机行为与目标关系	近景动机	与个体的近期目标密切相关,如努力训练以争取比赛胜利
	远景动机	与个体的长远目标密切相关,如参与训练希望成为优秀运动者
动机行为带给个体的体验	丰富性动机	又称满足和兴趣动机,激发个体探索、创造、自我实现,与生存、安全、痛苦无关。追求快乐
	缺乏性动机	又称生存和安全动机,如不能达成目标会痛苦,付出行动旨在消除痛苦

大众健身参与人群广泛,不同的人参与体育健身有着不尽相同的动机,了解大众健身动机,激发运动者健身的动机,是促进运动者全身心投入体育健身、获取良好健身效果的重要基础。

要促进社会大众积极参与体育运动,可"投其所好",满足运动者的兴趣爱好、身心发展需求,以此来引导社会大众积极参与到丰富多彩的大众健身活动中来。

2. 情绪

情绪(Emotion)是多种感觉、思想和行为综合的心理状态,运动心理学研究表明,情绪对个体运动技能的掌握起着非常重要的作用,主要表现在良好的情绪可以起到"增力"作用,如明显增强人的活动能力,使人体运动能力进一步提高;不良的情绪可令运动者在健身过程中注意力分散、精神不振、心灰意冷,进而导致动作、技术变形,健身效果差,甚至引发运动损伤。

体育健身参与,需要运动者以积极的情绪状态投入到健身过程中去,如此才能注意力集中、动作标准、克服困难、把握要领,坚持运动并提高健身效果。

基于以上分析,在体育健身中,教练员应注意运动者在体育健身期间的情绪变化,重视对运动者的良好情绪的引导,使其能以很好的情绪参与运动训练,如此才能积极、主动、集中注意力,收到良好的健身效果。

3. 注意力

注意力(Attention)是个体心理活动对一定对象的选择性指向和集中,是人为了实现既定目标而支配自己的行动,并且在行动时自觉克服困难的一个心理过程。

注意力与体育健身二者之间是相互影响的。一方面,良好的注意力可促进运动者在参与体育健身中更加集中精力,完成正确的动作定型和避免损伤。另一方面,长期科学参与体育健身,可增强个体注意力,具体来说,运动健身能改善运动者身体素质,使大脑细胞更加活跃,工作效率更高,更敏捷,并可承受较复杂的信息环境,更能集中注意力专注于某件事情。

4. 意志力

意志力(Willpower)是一个心理学概念,具体是指个体自觉地根据目的支配、调节行动,克服各种困难实现目的的品质。

意志是人们为了实现既定目标而支配自己的行动并在行动时自觉克服困难的心理过程。意志和行动是不可分割的,意志支配行动,同时也在行动中得以体现。运动训练是有意识、有目的的行动,其目的是以最快的速度完成一定的距离,达到既定的体育运动目标。运动参与者为此需要付出巨大的意志努力。这种意志努力是与参与者克服各种来自机体内外部困难以及正确估计时间、合理分配能量、实施预定的战术任务相联系的。参与者必须具备的意志品质是持久、顽强、自制、沉着、果断等。

健身能使运动者拥有坚强的意志品质,良好的意志品质也可以促进运动者坚持完成健身任务,运动健身与个体意志力是一个相互促进的过程。

(1)体育健身中,运动者机体肌肉有时会处于非常高的紧张状态之下,并且需要完成各种不同难度的动作,此时意志努力能够满足完成动作的需要。

(2)体育健身中遇到的各种困难,通过意志激励,可促进运动者克服外部和内部干扰。

(3)良好健身效果的获得必然是长期坚持健身的结果,同一技术动作的反复练习,如果运动者没有足够的耐心,情绪焦躁,就很难掌握好动作,而错误动作练习对运动者的体育健身是不利的,不仅不利于运动者运动水平的提高,还可能诱发运动伤病。

5. 心理定向

心理定向是一种心理"定向趋势",具体是指心理的准备状态和注意的指向性。

参与大众健身,健身者对待健身有以下三种类型的心理定向。

(1)过程定向(Process-orientation):健身者将注意力集中在健身过程中的哪些要素上,如健身动作完成效果、与其他健身者的配合等。

(2)当前定向(Present-orientation):健身者对当前健身任务的专注而非以往健身结果或将来的健身结果。

(3)自我定向(Self-orientation):健身者在健身参与期间,应专注于自身,而非健身的天气、场地、服装等因素。

运动健身实践中,心理定向对于运动者掌握和提高技术动作非常重要,可造成运动者诸多积极的综合反应,准确的心理定向能使运动者及时在头脑中设计完成动作模式,对运动者实际完成的动作内容、结构具有重要的指导作用,是影响运动者专心、积极参与体育健身的一个重要心理因素。

(二)体育健身者个性心理特征

大众健身参与者男女老少年龄、性别不同,爱好、职业、学历、学识、经历等也都各不相同,彼此之间存在着许多的个性差异,因此,大众的全民健身参与中,每个人选择的健身项目、内容、方法、形式以及参与过程、期望结果也各不相同,综合来说,大众的个体个性最终导致了大众健身选择的不同。

全民健身中,不同健身者的个性心理特征主要表现在以下几方面,这些方面都会导致运动者参与大众健身的不同。

1. 性格

性格是个体个性的一个重要方面,是个性心理特征的重要表现之一,具体是指个人对现实的稳定的态度和习惯化的行为方式。

性格可影响个体运动健身选择,性格是现实社会关系在人脑的反映,运动者对现实的稳固态度和采取某种行为方式,都是一定思想意识和行为习惯的具体表现。不同性格的人喜好不同,"物以类聚,人以群分",就是指个体性格的不同所产生的聚群性。

运动健身可重塑性格。了解个体的性格类型,有助于更好地了解自身的优势和弱点,并据此科学选择体育运动健身项目与健身方式,以完善自我性格。性格一旦形成,比较稳定,但仍具有可塑性。一个胆小、害怕改变和害怕冒险的人,经过体育健身,可能变得勇敢、富有冒险意识。例如,性格内向的人可选择多参与集体健身活动;性格冲动者可选择益智或修身养性类体育健身内容;性格腼腆者可选择参与一些具有挑战性的运动健身项目等。

2. 气质

气质(Temperament)是人的心理活动的稳定的动力特征。不同气质类型会有不同的行为表现(表4-3)。

气质类型是个体运动的心理依据之一。和性格一样,气质是由多种内因和外因所影响的结果,不同气质类型的人在待人接物方面也表现出诸多的不同,同样,在体育健身项目选择上也表现出对一些项目的特殊喜好和亲近。因此,了解个体的气质类型,可有针对性地安排体育健身。

表 4-3 高级神经活动类型及特性与气质对照表

神经系统的特性及类型				气质	
强度	平衡性	灵活性	特殊现象的四种类型	气质类型	主要心理特征
强	不平衡（兴奋占优势）		不可抑制型（兴奋型）	胆汁质	精力充沛 情绪发生快而强 内心外露 率直、热情、急躁、勇敢
强	平衡	灵活	活泼型	多血质	活泼爱动 情绪发生快而多变 思维言语动作敏捷 乐观、亲切、浮躁、轻率
强	平衡	不灵活	安静型	黏液质	沉着冷静 情绪发生慢而弱 内心少外露 思维言语动作迟缓 坚韧、执拗、淡漠
弱	不平衡（控制占优势）		弱型（抑制型）	抑郁质	柔弱易倦 情绪发生慢而强 言语动作小 易怒、无力、胆小、扭怩、孤僻

3. 心理能力

心理能力,是个体综合应对外界事物和变化的心理素质,指个体顺利完成某种活动必备的心理特征。运动心理学方面的心理能力是指良好的观察力、记忆力、思考力、想象力和注意力等。它是掌握运动技能,提高运动水平的基础。

对于不同的大众健身者来说,每个人心理能力的个体差异性较大,如有人擅于形象思维,有人擅于抽象思维;有人聪明、有人愚笨;有人敏捷、有人迟钝。体育健身实践中,应结合个人能力选择与之相适应的健身内容与方法。

第二节 全民健身的疲劳恢复

一、健身运动中疲劳产生的原因

疲劳是人体正常的反应,它在身体受到一定的运动负荷时产生,是一种机体出现暂时性的机体机能下降的现象,是机体对运动过程的一个综合表现,疲劳的产生原因有很多,具体分析如下。

(一)能源储备减少

研究发现,在运动过程中体内能源物质大量消耗并且得不到及时的补充就会产生疲劳。如快速运动2～3分钟至非常疲劳时,肌肉内的磷酸肌酸可降低至接近最低点;而长时间的持续运动中,由于糖的大量消耗,肌糖原及血糖含量均大幅度下降。而能源贮备的消耗与减少,会引起各器官功能的降低,加上肌肉活动时代谢产物的堆积及水、盐代谢变化等影响,机体工作能力就会下降而出现疲劳。

(二)代谢产物堆积

体育运动健身过程中,随着身体的不断活动,机体的代谢过程加强,代谢产物在肌组织中堆积也会导致疲劳的产生,如乳酸、氢离子、钙离子等物质。

体内乳酸大量堆积可导致运动疲劳的产生,其生理机制如下。

首先,血乳酸浓度增加,血管扩张,血流加快,在一定程度上增加氧的运输和供能,但会使ATP再合成速度减慢。

其次,乳酸堆积,可抑制糖、糖原的分解或酵解,增加肌肉中水分的含量,并可减少乳酸从肌肉中的运出。

最后,乳酸解离后产生的氢离子,可以引起肌肉中pH下降。

氧离子可以从肌钙蛋白中置换钙离子,阻断肌肉收缩,阻碍神经肌肉的兴奋传递,产生疲劳。

(三)内环境失调

安静状态下,机体的内环境处于一种动态平衡状态,运动健身状态下,机体的运动部分和相关系统机能活动活跃,机体内环境发生变化。长时间的剧烈运动,会使血液 pH 下降,出现高渗性脱水,血压、渗透改变,内环境稳定状态被打破,严重失调可诱发疲劳产生。

(四)精神抑制

一般来说,在人体刚刚产生疲劳后,机体还能再坚持一段时间的身体锻炼,大脑所收到的疲劳信号是机体对自身的一种精神保护,以免过度消耗。

值得一提的是,在疲劳中可结合身心对疲劳进行分类,即身体疲劳与心理(精神)疲劳。精神疲劳是由于心理活动造成的一种疲劳状态,其行为表现为:动作迟缓、不灵敏,动作的协调能力下降,失眠、烦躁与不安。

过度的身体活动可以产生精神疲劳,而过度的精神紧张也可以导致身体疲劳,两方面的疲劳是无法截然分开的。

二、健身运动中疲劳的恢复措施

(一)合理休息

1. 增加睡眠

良好的睡眠可有效消除疲劳,人体在睡眠状态下,各器官、系统活动会下降到最低水平,这时,机体的物质代谢减弱,能量消耗也维持在最低水平,合成代谢有所加强,可有效恢复机体消耗的能源物质。良好而充足的睡眠是使身体得到恢复的重要措施。

参与体育健身锻炼的人必须遵守一定的作息制度,从而保证睡眠的时间和质量,并讲究睡眠卫生。

2. 积极休息

所谓积极性休息,即活动性休息,它是消除运动性疲劳的有效方法之一,这种方法能够有效促进全身血液循环,加速乳酸的消除。

日常健身过程中,在长时间、大负荷的健身运动之后,不要马上停止一切身体活动,而是要进行轻微运动,如散步、变换活动部位等,使身体慢慢由激烈运动过渡到安静状态。

(二)补充营养

结合疲劳产生的能源物质衰竭说,营养物质的消耗会导致疲劳的产生,因此,适当补充营养物质自然可以减缓和预防运动性疲劳,并促进疲劳的恢复。

在日常健身中,可结合自身情况适当补充营养,适当补充机体生理活动所消耗的物质营养是必要的。进行合理的营养补充能使机体消除疲劳并恢复到最佳生理状态。

(三)物理康复

物理康复疗法,能够促进血液循环、改善血液供应,有利于营养物质的吸收,促进代谢产物的排泄,对身体局部或全身的疲劳肌肉的代谢过程有非常好的促进作用。

常见的缓解运动性疲劳物理疗法有以下几种。

1. 水疗法

水疗法就是利用水的温度、静压、成分、浮力等机械刺激的不同方式作用于人体各部位达到缓解疲劳的方法。

(1)温水浴:水温应以40℃左右为宜,时间为10分钟左右。

(2)淋浴:利用水温和水的机械作用缓解疲劳。

(3)盆浴:先在热水中浸浴10分钟,然后淋浴。热冷水交替浸浴。

（4）涡流浴：又称水按摩，通过明显地水温与水流冲动刺激和按摩运动局部。

（5）桑拿浴：利用高温干燥的环境，达到镇静，使肌肉关节组织充血，促使大量排汗目的。

2. 电疗法

应用不同电流对神经和肌肉产生刺激，使血管扩张，血液循环改善，减轻疼痛，防治肌肉萎缩，治疗腰部扭伤，及其他运动病痛、劳损等。

3. 光疗法

利用阳光或人工光线，防治疾病和促进机体康复的方法。利用光照造成组织分解和电离，最终影响受照射组织的结构和功能。

4. 吸氧

吸氧能够促进新陈代谢，改善体内的微循环，有助于消除疲劳。对于运动者来说，运动训练后可采用高压氧治疗，对消除疲劳有明显的效果。

5. 空气负离子疗法

空气负离子能改善肺的换气功能，增加氧吸收量和二氧化碳排出量，改善大脑机能，刺激造血机能，增加心搏输出量加大，加速乳酸代谢，消除疲劳。

在清晨户外的林间健身，空气清新，正是因为空气中负离子多的原因，因此可令人神清气爽，可推迟疲劳的出现并可缓解疲劳。

（四）心理康复

正如前面所分析过的，心理作用也是疲劳产生的原因之一。在有些环境下，心理作用甚至成为疲劳的主要产生因素。为此，就需要在日常加强意志品质的训练,提高运动者心理素质,如此可有效改善他们的精神状态,延缓运动疲劳产生的时间和堆积速度。

(五)音乐疗法

"良好的音乐有治愈功能",音乐是一种震动,而且是有规律的波动,思维也是一种波动,情绪也是。音乐可以影响人的心理活动,正是通过声波对大脑神经的影响来进行的。运动健身后,舒缓的音乐可以帮助中枢神经系统的疲劳得到极大的缓解。一些人在跑步的时候听着自己喜欢的音乐,可缓解疲劳的出现。

健身者在日常参与大众健身活动中,可结合心理自我暗示与音乐疗法共同作用,促进身心的疲劳恢复。

第三节 全民健身的营养保健

一、运动健身营养补充

(一)糖类的补充

糖类是身体热能的主要来源,在没有及时补充而又继续运动的情况下,可消耗糖原,甚至可造成糖原枯竭。严重的糖原枯竭有时是致命的。

体育健身期间糖的补充,可以通过经常吃一些水果、蔬菜和蜂蜜等食物来实现。面粉、大米和马铃薯等食物中也含有大量的糖。

需要特别提出的是,健身期间,补糖要控制量,不宜过多,以免造成身体过多的热量堆积,不利于身体健康,或引发糖尿病、高血脂等疾病。

（二）脂肪的补充

一般来说，人体摄入的脂肪量以占摄入总能量的 20%～25% 为宜，注意选用一些含不饱和脂肪酸的食油，少吃动物性脂肪，花生、玉米、大豆、芝麻、橄榄、豆腐等素食中含有丰富的不饱和脂肪酸。如果偏好肉类可以多食用鸡肉、鱼肉等。

体育健身期间的补脂，应注意摄入质和量，如果过多摄入脂肪，会引起心血管疾病、脂肪肝等疾病。而对于运动者来讲，摄入过多脂肪会增加体重，导致运动速度下降。脂肪的供给量应以满足生理需要为限。

（三）蛋白质的补充

体育健身中蛋白质的代谢以分解代谢为主，因此要重视补充一定量的蛋白质以应对较多的代谢消耗，可见，蛋白质的适时补充是极为重要的。

运动前蛋白质的摄入不宜过多，这是因为蛋白质食物的特别动力作用强，蛋白过多可提高机体代谢率，需要大量水分，而运动也会消耗大量水分，容易导致机体缺水。

奶制品和不同豆类及谷物中含有大量的蛋白质，应注意优质蛋白的补充。

（四）维生素的补充

维生素可参与机体代谢调节，健身中运动者体内物质代谢过程会加强，对维生素的需要量也会增加。剧烈运动可使维生素缺乏，可影响机体运动能力，因此应及时补充维生素。

人体中重要的几种维生素补充可通过食物摄取获得，具体如下。

（1）维生素 A：存在于动物性食物中，如动物的肝脏、鱼肝油、鱼卵、奶油、禽蛋等。

（2）维生素 B_1：存在于动物肝脏，植物中的谷类、豆类、干果及硬果、酵母中。

（3）维生素 B_2：存在于动物性食物，如动物的内脏、蛋和奶，及豆类、新鲜绿叶菜。

（4）维生素 C：主要来源于新鲜蔬菜和水果。

（5）维生素 D：存在于肝脏、鱼肝油、禽蛋等。

（6）维生素 E：存在于麦芽、植物和绿叶蔬菜。

（五）无机盐的补充

体育健身中，根据不同无机盐的消耗情况和对运动能力的重要影响，应特别注意以下几种无机盐的补充。

（1）钾（K^+）：口服含钾补剂。

（2）铁（Fe^{2+}，Fe^{3+}）：在膳食中应加强铁的摄入。

（3）锌（Zn^{2+}）：饮用含锌饮料。

（4）硒：注意膳食中增加含硒食物。

（六）水的补充

体育健身期间，活动量大，运动者机体水分主要是通过出汗流失的，应重视机体水分供给变化情况，科学补充水分，以保持机体的水分平衡。

合理补水应该遵循以下原则。

（1）提前预防：训练前提前补水，预防避免脱水的发生。

（2）少量多次：避免一次性大量补液，以免增加胃肠负担。

（3）补大于失：补液的总量一定要大于失水的总量，以便于训练后的体能快速恢复。

（4）补水同时兼具电解质的补充，可饮用运动饮料。

二、运动健身营养膳食

合理安排饮食营养，可以有效地增进运动者的身体健康，改善其内环境，增大体内能源物质的贮备。这一方法对推迟运动者运动疲劳具有非常重要的意义。

（一）三餐合理

一般的,两餐的间隔以 4～6 小时合适。经过精心合理搭配的三餐,既有食物的选择搭配,又有热能的合理分配。仅就热能的合理分配来说,早餐占全天总热能的 40%～30%,午餐占全天总热能的 30%～35%,晚餐占全天总热能的 30%～35%。晚餐的能量一般不宜过多,以免造成消化不良。

如果某一天或一段时间健身运动量较大、能量消耗增多时,可考虑适当加餐,以保证机体正常的能量消耗。

（二）饮食多样

人体所需营养物质较多,需要 42 种以上的营养物质,任何一种食物都不能涵盖所有的营养物质,因此,饮食多样化非常重要。

在进行食物选择时,应尽量选择不同的食物,健康的饮食,应包括谷物类、奶和奶制品、蔬菜水果、水产品、鱼、肉、禽、蛋、豆和豆制品等高蛋白食品及烹调用油和白糖等纯热量食物。多选择深绿色的或其他色的蔬菜,克服偏食的毛病,做到粗粮细粮搭配,多食蔬菜水果,使营养全面合理。

三、运动健身康复保健

（一）健身康复保健特点

1. 适用广泛

体育健身人人皆可参与,健身保健运动适用性广,它不受年龄、时间、地点等条件的限制。

2. 无副作用

相比药物治疗,体育康复保健主要是通过运动作用于人的机体,通过提高和改变人体生理结构和功能来促进个体的健康,主要是采用机械治疗、物理治疗,并配合健身锻炼,副作用小,安全性高。

（二）健身康复保健受众

1. 身体机能轻度受限人群

由于此类人群机体功能轻度受限,运动负荷需要科学安排,因此,最好结合医生的建议来安排,通过运动提高身体机能的整体健康水平。

2. 永久或暂时丧失身体某部位运动能力人群

身体局部运动障碍者,应在提高整体身体素质的基础上,有针对性地促进受伤或残疾部位进行功能恢复性锻炼和康复治疗。

3. 心理功能障碍人群

心理功能障碍人群并非有心理性疾病,而是在心理建设方面不够成熟,此类人群更适合参与集体性运动,运动负荷可灵活多变,运动环境和情景设置应根据此类人群的具体情绪状态来设定。

第四节　全民健身的伤病处理

一、健身运动损伤处理

（一）擦伤

擦伤,是指有机体表面与粗糙的物体相互摩擦而引起的皮肤表层的损害。运动健身中,擦伤非常常见,运动过程中摔倒、剐蹭到硬物就有可能会导致局部肌肉组织擦伤。

1.损伤征象

擦伤后,可见皮肤表皮剥脱,并伴有小出血点和组织液渗出。

2.处理方法

(1)较轻较小擦伤,可以用生理盐水或其他药水冲洗伤部,涂抹红药水或紫药水,一周左右就可痊愈。面部擦伤宜涂抹0.1%新洁尔溶液。

(2)较大擦伤伤口:为免被污染,需用碘酒或酒精在伤口周围消毒,如果创面中嵌入沙粒、炭渣、碎石等,应用生理盐水棉球轻轻刷洗,消除异物,消毒后撒上云南白药,盖上纱布,适当包扎。

(3)关节周围擦伤,注意清洗、消毒,然后用磺胺软膏或青霉素软膏等涂敷。

(二)挫伤

所谓挫伤,具体是指在运动中机体某部分由于受到钝性外力的作用,导致该部分及其深部组织产生闭合性损伤,如跑、跳等动作都非常容易产生挫伤。

1.损伤征象

挫伤后,常出现肿胀、疼痛、皮下出血和功能障碍等症状。

2.处理方法

(1)挫伤即刻:伤部冷敷、外敷新伤药等,并适当进行加压包扎,抬高患肢,减少出血和肿胀。

(2)股四头肌和小腿后群肌肉严重挫伤:对受伤肢体进行包扎固定后,迅速送往医院进行诊治。

(3)头部、躯干挫伤:认真观察呼吸、脉搏等情况,休克时先进行抗休克处理,使伤员平卧休息、保温、止痛、止血,疼痛甚者,可口服可卡因,或肌肉注射杜冷丁,尽快送医。

(4)手指挫伤:冷水冲淋。通常休息一段时间后疼痛可减轻,几天后痛感消除,能做屈伸动作。

（5）面部挫伤：24小时内局部冷敷，24小时后热敷，促进消肿和皮下瘀斑的吸收；凡裂伤，伤后6小时内清创缝合，伤后24小时内注射破伤风。

（三）拉伤

拉伤是指肌肉在外力的作用下过度主动收缩或被动拉长致伤。造成肌肉拉伤的原因有很多种，如准备活动不充分，动作不协调而导致的肌肉损伤。没有运动健身经验的人从事大伸展性、大负荷运动健身，可导致肌肉、韧带拉伤。

1. 损伤征象

肌肉拉伤后，受伤部位会出现压痛、肿胀、肌肉痉挛等症状，拉伤部位可摸到硬块。

2. 处理方法

（1）轻微拉伤和伴有少量肌纤维撕裂者，伤后应立即给予冷敷，局部加压包扎，休息时应抬高患肢。

（2）伤后24～48小时后可理疗和按摩，手法宜轻柔。

（3）肌肉拉伤断裂者：局部加压包扎，固定患肢，及时送医。

（四）扭伤

扭伤是指关节发生异常扭转，引起关节囊、关节周围韧带和关节附近的其他组织结构损伤。运动健身中，常见扭伤部位为腰部和踝关节部位。

1. 损伤征象

关节活动受限和疼痛，关节及周围疼痛、肿胀，有明显压痛感。

2. 处理方法

（1）急性腰扭伤：平卧休息，冷敷患处。不建议盲目使用手法治疗。

（2）踝关节扭伤：压迫痛点止血，抬高伤肢，用较大的棉花块或海绵垫加压包扎。

(五) 肩袖损伤

1. 损伤征象

肩袖损伤(肩袖损伤性肌腱炎),多由肩关节长期超常范围急剧转动、劳损、牵拉、摩擦有关。

肩袖损伤发生时,肩外展会感到疼痛,有时会向上臂、颈部放射。当肩外展或伴有内外旋转时,疼痛会加重。

2. 处理方法

(1) 急性发作期间,暂停运动,肩关节制动,上臂外展30°固定,以减小有关肌肉张力而减轻疼痛。

(2) 适当休息、调整后,可采用物理治疗、按摩和针灸等方法治疗。

(3) 有肌腱断裂并发症时,应立即就医。

(六) 关节脱位

关节脱位,俗称脱臼,是指关节面失去正常联系的损伤。出现关节脱位时,如果不及时进行复位,血肿会肌化而发生关节黏连,使关节复位的难度增加。

1. 损伤征象

关节畸形,可伴有关节周围的软组织损伤或破裂,关节功能丧失,不能活动。伤者的主观感觉有疼痛、压痛和肿胀。

2. 处理方法

(1) 肩关节脱位:用三角巾悬挂前臂包扎固定。

(2) 肘关节脱位:用铁丝夹板,弯成合适的角度,置于肘后,用绷带缠稳,再用小悬臂带挂起前臂,也可直接用大悬臂带进行包扎固定。固定伤肢后及时复位。

（七）腰肌劳损

腰肌损伤，又称腰肌筋膜炎，是一种腰部机体组织的慢性损伤。

1. 损伤征象

腰部肌肉酸痛，最常见的疼痛部位是腰椎3、4、5两侧骶棘肌鞘部，也有同时可感觉到臀部或大腿外侧麻痛感。

2. 处理方法

（1）腰肌劳损即刻，应及时采用理疗、按摩、针灸、封闭、口服药物、用保护带及加强背肌练习等非手术治疗手段。

（2）针对顽固病例，应及时进行手术治疗。

（八）骨折

1. 损伤征象

骨的完整性遭到破坏的损伤称为骨折，运动健身中，身体受到过度冲撞可导致骨折。

2. 处理方法

（1）发生骨折后，不要随意移动受伤肢体，应采用夹板或其他代用品固定伤肢。

（2）如果骨折患者出现休克现象，应先对患者进行人工呼吸。

（3）如果骨折患者的伤口出血不止，应及时采取止血措施，并送往医院进行治疗。

二、健身运动疾病处理

（一）过度紧张

过度紧张是运动超过了自身的负担能力而产生的急性病理现象。运动健身初学者经常出现。

1. 主要病症

症状较多,因人而异。轻者可表现为食欲不振、恶心、呕吐,参与运动训练的积极性不高,情绪不佳,焦虑;严重者可诱发心血管等突发性疾病。

2. 处理方法

(1)及时停止运动健身,休息,可服用50%的葡萄糖或镇静剂。

(2)急救时,应让患者平卧或半卧(心功能不全者),松解患者的衣物,注意保暖,点掐其内关和足三里穴。

(3)昏迷者可掐人中、百会、合谷、涌泉等穴;呼吸、心跳停止者应做人工呼吸和胸外心脏挤压术,可根据情况口服药物或静脉注射25%～50%的葡萄糖40～60毫升,及时就医。

(二)肌肉痉挛

肌肉痉挛,即抽筋,是指肌肉发生不自主地强直收缩的一种症状表现。

1. 主要病症

抽筋后,机体局部肌肉可有不自主肌肉强直收缩,僵硬,疼痛难忍且一时不易缓解,临近的关节可出现运动障碍。

2. 处理方法

(1)肌肉痉挛较轻者可缓慢、均匀地牵引痉挛的肌肉,掐点穴位。

(2)大腿后群肌肉、小腿腓肠肌痉挛者,应尽力伸直膝关节、踝关节充分背伸、拉长痉挛肌肉,同时配合局部穴位按摩。

(三)运动性腹痛

运动中腹痛是指运动员在运动中因生理和病理原因而发生腹部疼痛的一种疾病。通常是由于准备活动不充分,胃肠痉挛,腹直肌痉挛,呼吸紊乱等原因造成的。

1. 主要病症

腹部疼痛,结合不同原因,腹痛位置、方式不同。

2. 处理方法

(1)了解腹痛的性质和部位,如果是运动性腹痛,应降低负荷强度,调整呼吸和动作节奏,按压疼痛部位慢跑,也可口服药物或点掐内关、足三里、三阴交等穴。

(2)病理性腹痛,应及时就医治疗。

(四)运动性高血压

运动性高血压是指因运动过度和过度紧张所导致的一种现象。

1. 主要病症

头痛、头晕、睡眠不佳,一度产生贫血症。

2. 处理方法

合理地安排负荷量,就能恢复正常;对原发性高血压病患者应避免剧烈运动,可适当参加体育锻炼;症状严重时,停止运动,给予药物处理。

(五)运动性低血糖

空腹时血糖浓度低于50毫克/分升的一种症状表现即为低血糖。运动性低血糖在长时间的运动健身中比较常见,多是机体糖消耗过多而得不到有效补充导致。

健身时间长,昼夜得不到良好休息和营养补充,或运动前饥饿,肝糖原储备不足可导致运动性低血糖。

1. 主要病症

有强烈饥饿感,并可见面色苍白、多汗或冷汗,身冷,体温低,心跳快速,呼吸浅促,眩晕,头痛,视力模糊,焦虑、幻觉、狂躁、精神失常、昏迷。

2. 处理方法

（1）使病者平卧、保暖。神志清醒者可饮浓糖水或吃少量食品，不能进食者，可静脉注射50%葡萄糖40～100毫升。

（2）昏迷不醒者，可针刺人中、百会、涌泉、合谷等穴，并迅速请医生前来处理。

（六）运动性贫血

因训练不当导致血液中红细胞数和血红蛋白量低于正常值的现象称为运动性贫血。正常男子的血红蛋白含量为0.69～0.83毫摩尔/升，正常女子的血红蛋白含量为0.64～0.78毫摩尔/升。

1. 主要病症

患者可有头晕、恶心、呕吐、气喘、体力下降、疲倦、眼花、头痛、记忆力下降等病症。

2. 处理方法

（1）适当减少运动量，必要时可停止运动。

（2）多食用富含蛋白质、铁质、维生素的食物或服用抗贫血药物。

（七）运动性血尿

在运动健身中，如果运动强度过大，超过运动员承受范围有可能引起显微镜下血尿，经检验无原发病的称运动性血尿。

1. 主要病症

轻者仅可在显微镜观察下出现血尿，严重者有直观的血尿现象，并可伴有腹痛、头晕等不适。

2. 处理方法

（1）全面检查，排除病理性血尿，以免误诊。

（2）出现肉眼可见的血尿时，应立即停止运动。

（3）对出现少量红细胞而无症状表现的运动者，应减少运动量，并注意观察。

（八）运动性中暑

由运动导致或诱发造成的运动员体内的过热状态，称为运动性中暑。炎热天气下进行长时间健身可导致运动性中暑的发生。

1. 主要病症

中暑早期往往表现为头晕、头痛、呕吐现象。逐步发展为体温升高，皮肤灼热干燥。严重者精神失常、虚脱、痉挛、心律失常、血压下降，甚至昏迷并危及生命。

2. 处理方法

（1）有先兆或轻度中暑：迅速撤离高温环境，至通风阴凉处休息，解开衣领，并服用清凉饮料、浓茶、淡盐水和解暑药物等。

（2）中暑严重者：降温、平卧。根据不同的病情，分别处理。中暑痉挛时，牵伸痉挛肌肉使之缓解，并服用含盐清凉饮料。

（3）中暑衰竭者：服用含糖、盐饮料，并在四肢做重推按摩。

（4）重度中暑或昏迷患者：针刺人中、涌泉、中冲等穴，并应迅速就医抢救。

第五章　全民走、跑、跳基础健身

健身走、跑、跳是全民健身中最基础的健身运动项目,开展便利,几乎不受运动健身的时间、场地等多种因素的影响,同时健身强度和运动量都可以结合运动健身者的自身实际条件进行科学调控。因此来说,健身走、跑、跳是一项男女老少皆可参与的全民健身运动项目,长期坚持的健身者均可从中受益。

第一节　健身走

一、健身走的益处

（一）简便易行

健身走简便易行,受客观运动条件和环境限制少,也不需要运动器材,可在户外、户内开展,甚至可以原地进行,非常方便。

健身走属于有氧运动,运动强度可调控,适于长期坚持。

（二）健身保健

经常参与健身走运动,对于运动者的各方面机能、体能具有良好的发展促进作用。

首先,健身走有利于增强运动者的心肺功能,对于运动者的心脏每分钟输出量的增加具有促进作用。

其次,健身走有利于提高个人的有氧代谢水平,并能使运动者的胸肌更有弹性,从而使胸肌扩大、肺活量增加,心肺功能增强。

再次,健身走时,人体运动的部分主要集中在下肢,但运动过程中上体并非处于静止状态而只是腿部运动,上肢配合下肢前后摆动,胸肌起伏有节奏,腰部随步频进行扭动,下肢肌肉和关节支撑身体持续运动,健身走有助于调动全身肌肉参与工作。

最后,健身走多在户外开展,在阳光照射下,能促进维生素 D 对钙的吸收,有助于改善骨质疏松的现象,可以使脊椎骨密质增加,身体骨质更结实。①

（三）养生保健

俗语讲:"饭后走一走,能活九十九""多走路,健心脏"。我国古医书记载,饭前和饭后散步,有助于治疗糖尿病;对于有失眠症状的人来说,睡前散步有利于促进睡眠,有效缩短进入睡眠的时间和延长深度睡眠的时间。

体质较弱者参与健身走锻炼,通过这种强度低、消耗低的运动健身,能使心脏加速收缩、心跳加快、血流加速,可提高心脏工作效率。

患病人群参与健身走锻炼,可促进新陈代谢、改善睡眠,增强骨质,减缓骨质疏松症状,对机体是一种强度不大、循序渐进的积极性运动康复锻炼。

总之,散步运动强度低、消耗低,是一种良好的体育健身运动,它能够健身治病、益寿延年,是一种最常见、最普及的健身康复锻炼方法。

---

① 毛治和.走跑健身的原理与方法[M].西安:西安地图出版社,2008.

二、健身走方法指导

对于健身走锻炼,很多人都存在这样一个误区,即健身走就是溜达,随意走动而已,这种认识是错误和片面的,健身走有多种运动形式,而且不同运动形式的健身走还有身体姿态和运动负荷等要求。

健身走科学运动形式和健身方法具体分析如下。

(一)散步

散步,是一种小强度的健身走锻炼形式,散步时,正确的身体姿势对于良好健身康复效果的获得具有非常重要的作用,正确的散步身体姿态要求如下。

(1)身体自然正直,抬头挺胸,收腹收臀,两肩放松。

(2)两腿屈膝交替迈进。

(3)手臂配合腿部动作,自然摆动。

散步健身有多种形式,不同运动形式的康复健身效果不同,一般来说散步速度越快、时间越长,效果也越好(表5-1、表5-2)。

表5-1 散步健身形式与方法

散步形式	散步方法	步速控制	散步时间
普通散步	—	60~90步/分	20~40分钟
快速行走	加快步频	90~120步/分	30~60分钟
摆臂散步	两臂大幅度摆动	60~90步/分	30~60分钟
摩腹散步	每走一步,两手旋转按摩腹部一周	30~60步/分	
臂后背向散步	两手背放在腰部,缓行50步,再常速前走100步		一退一进反复行走5~10次

表 5-2　不同散步形式健身康复效果及适应人群[①]

散步形式	健身康复效果及适应病症
普通散步	年老体弱、冠心病者、呼吸系统疾病者
快速行走	中青年人、慢性关节炎者、胃肠道不适者
摆臂散步	关节炎、慢性气管炎、肺气肿等疾病患者
倒退散步	调节神经系统功能,促进大脑思维发展
横向散步	提高敏捷性,适合健康人、轻微疾病患者

（二）慢步走

慢步走,强调行走的"慢"的特点,但与散步相比,其健身走的步频稍快,每分钟行走 90 步左右。

慢步走有一定的健身要求,并非是选择一处地点随便开始行走即可,要想收到良好的健身效果,必须根据个人身体情况、周围环境、季节气候等合理开展慢步走活动。

（1）心情不畅者,应选择到鸟语花香的公园进行健步走。

（2）风湿性关节炎或水肿病患者,应到沙地干燥处进行健步走。

（3）春天宜在早晨到野外步行,以焕发机体生命之气。

（4）夏天宜在鸡鸣起床到荷塘河边步行,以取凉润之气而防暑。

（5）秋天宜在傍晚步行,以养精蓄锐而备冬。

（6）冬天宜在走廊、室内步行,以活跃阳气,抵御风寒。

（三）雨中走

雨中走,是指运动者在细雨中进行健步走的运动。这是一种新兴的时尚步行运动。

雨中走的健身康复的科学依据在于,细雨能净化污染日趋严重的城市空气,在这样的环境中参与健身运动有助于安神舒气、

---

① 梅承鼎.散步健身有讲究[N].晚报文萃.2013.

降低血压,健身康复效果明显。傍晚前的雨中会产生大量的负离子,健身走效果更佳。

雨中走健身,应注意以下几点。

(1)运动者一定要结合自身实际情况,合理确定健步走的步频、步速和健身行走时间,并注意在健步走的过程中适当增减衣物以避免感冒的发生。

(2)刚下雨时不适宜进行健步走,因为此时雨中空气的污染颗粒还大量存在,待持续下雨一段时间,污染物都落到地面后才建议进行雨中健步走。

(3)应选择软底、重量轻、便于远行的运动鞋。注意防滑。

(4)健身走结束后,要及时更换干爽的衣服和鞋子,避免感冒。

第二节　健身跑

一、健身跑的益处

(一)防治疾病

健身跑有多种健身形式,其中,健身慢跑过程中,身体有一瞬间处于腾空状态,因此,健身跑可以令人体产生一种低频震动,这种振动能使机体血管的平滑肌得到锻炼,进而使血管的张力得到增加,并能通过振动所产生的物理作用减少和排除血管上的沉积物,有效防止血脂在血管壁的堆积,可令运动者血管通畅,有助于改善血液循环。

健身慢跑对健身者血管的物理运动影响,可有效预防和治疗动脉硬化和心脑血管疾病。

（二）燃脂塑形

研究表明，运动可使机体肌肉发达，肌肉静息代谢率高。静息代谢率升高，可消耗更多热量。

健身慢跑属于有氧运动，具有良好的燃脂效果，健身过程中，脂肪是机体运动重要的能量来源，运动时，每消耗7 000千卡热量，可减缩1千克脂肪。因此，科学参与健身跑，可有效实现对机体的热量消耗，可增加体内脂肪消耗，有助于减少肥胖性疾病的发生和美体塑身。

（三）拓展交际，提升生活质量

当前，全民健身社会大背景下，无论在我国的大城市还是农村，都有一群热爱跑步的人群，他们以个人或者集体形式进行晨跑、夜跑，或周末在公园跑步健身，成为全民健身的一道亮丽的风景。

在全民跑步热潮下，我国跑步健身类APP，以"咕咚""Nike+Running""悦跑圈"为主，传播内容丰富并呈现着自身特色，为用户提供丰富的健身指导内容，并结合健身数据内容进行受众细分，提供间检测，提供赛事、场馆、设备等服务，还通过健身文化实现用户跑步健身的互动，为跑步健身提供了较为全面和快捷的健身指导，并有助于具有相同爱好的跑步健身者相互鼓励，长期坚持跑步健身。[①]

二、健身跑方法指导

（一）原地跑

原地跑是一种不受任何场地、场合限制的健身形式，时间可长可短，健身者可根据自己的需要来确定。

---

① 杨艺.跑步健身类APP的信息传播现状研究[D].西安体育学院硕士论文，2017.

原地健身跑过程中,健身者可以通过逐渐加快跑进速度、加大原地跑动作幅度、延长原地跑的时间等来增加运动强度和运动量,跑的过程中,健身者可以通过多样化的动作变化来丰富跑的形式,如逐渐加快跑的速度、加大跑的动作幅度、延长跑的时间等来增加运动强度和运动量,也可以结合音乐伴奏进行健身跑,使整个健身康复过程不那么枯燥、充满趣味性,健身效果更明显。如健身跑过程中,还可以结合音乐伴奏进行健身跑。

原地跑适用于普通健康人,一些具有较好锻炼基础的慢性病患者也可以适当参与。

原地健身跑应注意以下几点。

(1)健身跑的时间安排在晚餐前两小时,或饭后一小时进行,减轻肠胃负担。

(2)循序渐进。通过测量脉搏合理控制运动量、运动强度、运动密度,合理有序增强运动。

(二)慢速跑

慢速跑是一种放松性跑步锻炼,是对跑速控制比较严格的健身跑形式,要求运动者以匀速跑的方式完成一定距离的健身跑。

参与慢速放松跑,健身要求如下。

(1)健身时长与频率:一般体弱者可每天进行健身跑20～30分钟,距离2.5～3千米。一段时间以后,每月或每两周可增加1千米,最多不要超过5千米。

(2)健身负荷:一般健身康复者跑进步速以90～100步/分为宜,然后逐渐增到110～120步/分、120～130步/分。以脉搏每分钟不超过110～120次最好,也可以以心跳的频率每分钟不超过180次,减去自己的年龄数为健身负荷控制的参考数据。

(3)健身跑锻炼时,运动者的心率指标应在110～130次/分钟左右,相对应的劳力指数应该在8～12级。初期走跑健身锻炼的时间不少于20分钟,逐渐增至30～60分钟。频率为每周

3～5次。

（4）患有呼吸道和心血管等疾病的病人，参与慢速放松跑时，应适当缩短健身时间和降低健身负荷。必要时咨询医生意见和建议。

（三）变速跑

变速跑是指健身者在跑的过程中，先快跑（慢跑）一阵，再慢跑（快跑）一阵，快跑和慢跑交替进行的一种跑法。

变速跑的健身原理如下。

（1）健身慢跑过程中，机体的肌肉活动一般，身体处于有氧代谢状态，机体的血氧供应充足，这种运动状态的持续，可提高机体的有氧代谢水平。

（2）健身快跑过程中，肌肉活动激烈，需氧量多，吸入的氧气不能满足运动对氧的需求，身体处于无氧代谢的情况，有助于提高机体的无氧代谢水平。

（3）慢跑与快跑交替进行的变速跑有助于发展健身者的一般耐力，提高机体的速度耐力素质。

变速跑科学健身初期，健身计划安排可参考表5-3、表5-4、表5-5。

表5-3　30岁以下健身者变速跑健身[①]

周	运动形式	距离(米)	时间目标(分钟)	每周锻炼次数
1～2	走	3 200～4 800	32～48	3～5
3～4	走、跑交替	3 200	24～26	3～5
5～6	跑	3 200	20～22	3～5
7～8	跑	4 000	20～30	3～5
9～10	跑	4 800	27～30	3～5

---

① 曹定汉.走跑与健身[M].合肥：中国科学技术大学出版社，2007.

表 5-4　31～49 岁健身者变速跑健身

周	运动形式	距离（米）	时间目标（分钟）	每周锻炼次数
1～3	走	3 200～4 800	34～50	3～5
4～5	走、跑交替	3 200	24～26	3～5
6～7	跑	3 200	20～22	3～5
8～9	跑	4 000	25～30	3～5
10～12	跑	4 800	27～31	3～5

表 5-5　50～59 岁健身者变速跑健身

周	运动形式	距离（米）	时间目标（分钟）	每周锻炼次数
1～4	走	1 600～4 800	24～52	3～5
5～6	走、跑交替	3 200	26～28	3～5
7～8	跑	3 200	22～24	3～5
9～10	跑	4 000	27～32	3～5
11～12	跑	4 800	30～32	3～5

（四）耐力跑

耐力跑有助于改善运动者的有氧代谢能力，并能提高运动者的心肺功能。因此，从健身收益人群角度分析来看，耐力跑适合体质健康者，尤其适合青少年人群。

青少年处于生长发育的特殊时期，12～17 岁的青少年处于耐力素质发展的最佳时期，针对青少年神经系统大脑皮层中兴奋和抑制两个过程的不均衡特点（兴奋过程占优势，抑制过程较弱），在该年龄阶段要通过健身跑的科学安排，促进青少年耐力素质的快速增长。

耐力跑科学健身应注意以下几点。

（1）注意运动形式的多变（如步速、时间、跑的类型的变化等），集中注意力参与健身，提高健身效果，同时，减免运动损伤的发生。

（2）耐力跑健身的过程中，尽量做到动作轻松、沉稳，步幅匀称。

（3）耐力跑健身过程中，注意呼吸节奏的调整，应做到呼吸平稳。青少年在耐力跑健身时,为了增大肺通气量往往会提高呼吸频率,而很少会选择增加呼吸深度。原因在于青少年的胸围较小、肺活量小、呼吸肌力量弱、心肺呼吸调节机能不完善。对此,教师和家长或健身指导员应重视对青少年的正确呼吸方法的引导和练习。

(4)青少年处于生长发育的特殊时期,健身切忌揠苗助长,应遵循人体生长发育的客观规律,科学选择运动强度、密度及运动量,切忌操之过急,安排较大运动负荷,以免影响青少年学生的健康发育。

(五)倒着跑

倒着跑,又称倒行,是一种背部朝着正常跑步方向的健身跑运动形式。

倒着跑始于20世纪70年代,最初是运动员因受伤而不能参加正常训练,采用的一种代替训练方法,之后被引入医学界,医生将倒着跑作为一种健身方法,并逐渐在大众健身活动中推广开来。

倒着跑过程中,保持良好的身体姿势和合理控制跑速是非常重要的,能有效避免摔倒。一般来说,正确的倒跑姿势具体如下。

(1)抬头挺胸,双目平视,上体正直稍向后。

(2)双手垂于腰间半握拳,两臂自然前后摆动。

(3)一条腿向后抬起、迈出,脚尖着地,重心后移,另一腿做同样动作,两腿交替向后跑。

(4)跑进过程中注意保持身体平衡。

(六)障碍跑

障碍跑是由长跑和过障碍(踏上、钻过、绕过、跨过等)相结合的一种比较复杂的跑步运动方式。障碍跑具有复杂性和动作快速性的特点,在跑步的过程中要通过各种跳、钻等动作穿过或躲过障碍物,提高跑的强度和身体变化、适应能力。

障碍跑最早起源于一种"猎人和狐狸"游戏，19世纪中叶至19世纪末，英国人将这种"猎人"游戏引入体育领域内，并首创了障碍跑运动，这项运动是在以快速跑的基础上，使运动者以各种方式通过障碍的一种运动。

障碍物健身跑锻炼，与其他跑步相比，健身效果显著，具体有以下几点。

（1）提高身体运动系统中的多肌群调控与支配能力。

（2）提高人体的呼吸和循环等系统的机能水平。

（3）有助于促进身体素质的全面发展。

（4）跑步过障碍的过程中，要求运动者迅速反应、判断空间距离，并选择正确的过障碍方式，可以改善中枢神经系统功能。

（5）障碍跑过程中需要运动者努力克服困难，能促进运动者心理素质的健康发展，可令运动者勇敢、坚毅、果断、坚持不懈。

（6）注意运动安全。以运动者实际身体条件来选择或调整器材合适的高度。

有些健身者认为，障碍跑健身需要较大的场地、较多设施，不好实现，这是对障碍跑的认识误区，障碍跑健身不一定非要到专业的训练场进行，一些小的游戏设置就可实现障碍跑健身，如以下几种。

（1）高抬腿跑绳梯：双脚在同一格内落地，尽快跑过每格约50厘米间距的绳梯或小棍。

（2）单腿过栏架跑：以约1米间距摆放8～10个约30～40厘米高的栏架。在栏架一端支撑腿直膝跑进，摆动腿从栏架上越过。

（3）双腿过栏架跑：以约1米间距摆放8～10个约30～40厘米高的栏架。在栏架上做高抬腿跑，在每一个栏间距内双脚落地，采用同一条攻栏摆动腿。

（七）气功慢跑

气功慢跑是一种将跑步与气功锻炼相结合的健身方法，该健身跑方式能有效地把气功的调身、调心、调息运用到跑步上,具有良好的健身、养生效果。

气功慢跑,正确跑姿要求如下。

(1)头正颈直,上身稍前倾,双目平视。

(2)两手自然空握拳,前臂弯曲90°,慢跑前进。

(3)跑进时,放松全身,面带微笑,采用自然呼吸方法。

(4)慢跑结束后,继续行走一段落,两手在胸前划弧。

(八)马拉松跑

在改革开放40年里,马拉松跑是中国全民健身发展的一个重要缩影。从参赛人员和数量上就能看出全民健身的热情在不断高涨。

以北京马拉松为例,北京马拉松举办初期,规定只有3小时左右速度的精英选手才能参加,之后,开始广泛接纳社会的大众跑者。2018年9月16日,北京马拉松在天安门广场起跑,报名人数超过10万人。

目前,在全国范围内,有这样一些人,他们热衷于参加马拉松长跑健身,奔走于各个大城市,参加马拉松竞赛,欣赏不同城市的风景,结交有共同爱好的跑友,为生活增添了不少乐趣,极大地提高了生活质量。

马拉松跑健身,应注意以下几点。

(1)不同的运动者的身体情况千差万别,健身跑的过程中,要结合自身实际情况科学确定运动强度、运动时间和运动频率。

(2)马拉松健身跑期间,要保持健康饮食习惯,早餐有规律、重视营养,晚餐少食。加餐宜少量,切忌吃饱。

(3)马拉松跑对运动者的耐力有较高的要求,而男女生理特点不同,性别差异明显,对此,应重视这种性别差异。

(4)制定医务监督机制,以随时观测青少年健身前后的身体变化。通过测量脉搏合理控制运动量、运动强度、运动密度,合理有序增强运动。如有不适,应及时调整健身运动计划,必要时应停止健身活动。

第三节　健身跳

一、健身跳的益处

健身跳是为了健身的跳跃活动,具有多元健身价值。健身跳是全民健身传统体育运动项目,健身跳丰富的健身内容与方法多来自民间的游戏或娱乐活动,练习的量和强度也便于掌握,群众基础广泛。[①] 健身跳与健身走、健身跑相比,虽然参与人数相对较少,但是人民群众可接受度高,值得在全民健身中进一步推广。

健身跳具有以下突出的健身价值。

（一）促进生长发育

健身跳运动过程中,机体的身体活动参与使得整个机体处于活跃状态,跳跃中的运动冲力,有助于机体的骨骼、肌肉、关节的适应,可有效促进骨骼发育,增高身高。

健身跳内容丰富,形式多样,对运动器官、心血管系统等都能起到良好的改善作用。

此外,健身跳还有助于活跃大脑空间思维能力,增强大脑的发育能力。

（二）改善心肺功能

和健身走、健身跑相比,健身跳对身体的运动冲击更大,要求健身者机体具备更充足的血氧来满足运动过程中的营养需求。因此,健身跳能进一步提高机体的心肺功能,增加心肌力量、提高心肌功能、降低心率。

健身跳锻炼强度较大,对运动者的呼吸系统功能有较高的要

---

① 李鸿江,孙守正.试论全民健身中健身跳的作用与方法[J].北京体育师范学院学报,1995(2).

求,长期参与练习,可有助于扩大胸肌、增加肺活量。以跳绳为例,长期练习,可以提高肺活量、最大通气量和增强呼吸肌运动能力,提高呼吸肌疲劳状态下的恢复能力。①

(三)发展协调性

运动生理学研究表明,跳跃是人体在最短时间内的高强度神经活动和肌肉用力中克服障碍的运动,要完成跳跃的动作,需要运动者具备良好的感觉机能和控制身体的能力。

健身跳过程中,运动者的起跳依靠下肢蹬地发力,持续的跳跃健身锻炼,有助于发展人体的力量素质、速度素质。

此外,健身跳过程中,身体有一个腾空的过程,因此,健身跳锻炼可提高和加强人的感觉机能、提高身体控制和集中用力能力,有助于发展机体的协调性、灵敏性。

(四)改善空间感

运动实践表明,跳跃有助于改善人体空间感觉机能。

从运动过程身体的空间位置和轨迹分析来看,每次的跳跃,运动者首先要对自身与周围运动环境的空间关系进行判断,如跳远的起跳位置、跳高的标杆、跳绳中绳的运动、跳台阶运动中台阶的高度和脚的起跳高度关系等。这些空间感觉需要运动者不断地在运动中强化才能完成整个跳跃动作,而不至于摔倒。

健身跳对运动者的空间感的提高,可有效改善近视的发生率。

(五)缓解肌肉僵硬和萎缩

运动生理学研究表明,长期运动可令肌肉和皮肤有弹性,这是因为健身增加了机体的新陈代谢,可令有机体充满活力,而跳跃健身对肌肉的锻炼比较特殊,跳跃运动比健身走跑对肌肉的刺

---

① 张永茂.跳绳运动对青少年心肺功能影响的实验研究[D].成都体育学院,2014.

激更大,可令肌肉的运动适应性更强。如果长期缺乏锻炼,则可能出现肌肉僵硬的现象。

体弱者和肌肉功能不健全者,科学参与健身跳,可有效改善身体的不良状况。

二、健身跳方法指导

(一)跳远

跳远,追求的是跳的远度,跳远健身与竞技跳远不同,竞技跳远追求最大远度的获得,并且对技术动作有严格的要求,跳远健身则不同,结合跳远健身内容,可追求一次性跳跃的远度,也可以是进行多次远度跳,跳的方法也多样,并非只是单纯地追求远度。

常见的远度跳健身康复锻炼方法如表5-6所示。

表5-6 远度跳健身康复锻炼方法

蛙跳	两脚开立,双臂协调预摆,两腿用力蹬地,收腹举腿起跳,两脚前伸落地,可跳多次
立定跳远	两脚开立,双臂协调预摆,两腿用力蹬地,收腹举腿起跳
连续兔跳	全蹲或深半蹲,双手体后互握,双脚蹬地连续向前跳
蹲起挺身跳	半蹲,双臂用力挥摆,两腿用力蹬地起跳,空中挺胸、展胯、挺身
助跑跳远	在立定跳远的基础上进行助跑跳

需要特别指出的是,虽然健身跳远的技术动作要求没有竞技跳远那样严格,但是掌握正确的跳远姿势也是非常必要和重要的,这有助于健身者在跳远的过程中跳得远、跳得稳、不受伤。

以助跑后的跳远为例,正确的跳远动作要求如下。

1.助跑

助跑可使健身者在跳远之前获得一个较快的初速度,可以增加跳的远度,要想跳得远,助跑也是有讲究的,必须要确定好助跑的路线、用力、脚步等。这样才能为助跑结束准备起跳时获得最高助跑速度,进而快速有力起跳。

（1）起动

助跑起动姿势有静止状态下的助跑和走跳结合的助跑两种形式,无论哪种都必须正确掌握,以保证助跑的准确性和稳定性。以前者为例具体分析如下。

两腿微曲、两脚平行站立,呈"半蹲式"姿势,或两腿前后分立,呈"站立式"姿势。

（2）助跑

助跑开始后,积极加速,保持较高的步频,使身体快速脱离静止状态,并尽可能获得最高的助跑速度;也可以通过加大步长和保持步长逐步过渡到加快步频,提高跑速。

助跑的最后几步,在保持助跑步长的情况下,加快步频,最后几步呈加速状态。

助跑结束时,踏上起跳位置起跳,助跑与起跳衔接自然。

2. 起跳

起跳是所有跳跃动作中的一个重要动作环节,目的是把运动者助跑时所获得的水平速度,转换成必要的腾空速度,将身体抛向空中,以获得较长的空中位移距离,如此才能跳得远。

（1）起跳脚起跳

助跑的最后一步,摆动腿的脚着地后,上体正直,或稍后仰。起跳脚全脚掌蹬地,摆动腿屈腿前摆,两臂配合摆动。

起跳瞬间,起跳腿前伸,起跳脚与身体重心投影点之间大约30～40厘米,重心在支撑点后面,形成"制动",使身体向腾空状态转换,将身体的水平速度转换为垂直速度。

（2）起跳腿支撑缓冲

起跳脚用力蹬地,随惯性的力量和重力作用,迫使起跳腿被动弯曲。起跳脚用全脚掌支撑,身体前倾,摆动腿大小腿折叠并随惯性向前与起跳腿靠拢。

（3）起跳蹬摆配合

起跳后，当身体重心在起跳脚支撑点上方时，注意及时蹬伸起跳腿，并伸展髋、膝、踝关节，摆动腿以膝领先屈腿上摆，双臂配合起跳动作摆动，充分伸展躯干，使身体获得适宜的腾起高度，并保持身体平衡。

3. 腾空

跳远腾空时，参考技术跳远腾空动作，可采取以下三种空中动作。

（1）蹲踞式腾空

蹲踞式腾空动作可令运动者保持较长时间的腾空步。

正确的蹲踞式腾空动作为：起跳时，起跳腿注意积极向摆动腿靠拢，两腿积极上举，膝靠近胸。躯干避免过于靠前，最高点时双腿接近于伸直状态，两臂协调摆动，小腿积极前送（图5-1）。

图 5-1

（2）挺身式腾空

挺身式腾空可令运动者在空中的身体姿态十分舒展。

正确的腾空动作和身体姿势为：起跳后，摆动腿和大腿不要抬太高，摆动腿小腿随之向前—下—后弧形划动，两臂随之向下—后—前大幅度划动；起跳腿屈膝靠拢摆动腿，展髋、挺胸、挺腰，挺身。两臂后摆，躯干前倾，收腹举腿，小腿积极前伸（图5-2）。

图 5-2

（3）走步式腾空

走步式腾空身体的空中动作与前两种相比要复杂一些，但多次练习后也可基本掌握。

正确的走步式腾空动作和身体姿势为：摆动腿以髋为轴，大腿带动小腿向下—后摆动，起跳腿以髋关节为轴，大腿上摆、小腿前伸，两腿在空中互换。两臂配合两腿协调摆动，空中交换步完成，摆动腿屈膝前摆，靠拢起跳腿，在空中走半步，整个腾空过程需要运动者走两步半。两臂后摆，躯干前倾，收腹举腿，小腿积极前伸（图 5-3）。

图 5-3

4. 落地

跳远后落地要注意安全，以免摔倒受伤，正确的落地动作能保证运动者在跳得远的基础上不受伤，具体来说，运动者应在腾空动作结束后，大腿靠近胸部，小腿积极前伸，两臂后摆。落地瞬间,双腿屈膝缓冲。

(二)跳高

跳高,追求跳起的高度,是身体向上的一种运动,需要最大限度地克服重力的影响,这就要求机体必须有良好的身体控制力。

跳高健身内容和方法多样,常见的跳高健身锻炼方法如表5-7所示。

表5-7 高度跳健身康复锻炼方法

原地蹲跳起	全蹲或半蹲,两臂配合摆动发力,两腿迅速用力蹬地,跳起腾空
原地单足换腿跳	一腿蹬地、另一腿配合上摆,跳起瞬间,双腿配合身体充分伸展,两腿交换、连续跳
团身收腹跳	半蹲,两脚并拢,屈膝团身,膝靠近胸部,两臂配合摆动发力,起跳
连续助跑摸高	放置多个悬挂物,连续助跑摸悬挂物,或连续助跑跳起摸高处树叶

为了跳得高,且确保健身跳高锻炼的安全,应准确掌握以下跳高动作。

1. 助跑

跳高可选择助跑,助跑是为了获得良好的起跳初速度。助跑过程中,既要注意速度,也要注意节奏的掌握,整个助跑用前脚掌着地并富有弹性,以利于起跳。

2. 起跳

起跳之前,先确定起跳方向,起跳时,两臂与摆动腿积极上提,重心迅速跟上,上体积极前移,身体与地面垂直。当身体重心移至起跳点上方时,起跳腿爆发式地蹬伸,提肩、提髋,完成起跳。

3. 落地

跳起后,身体自然下落,下落时注意落地缓冲,确保落地安全。

（三）跳绳

跳绳是一项趣味性较强的跳跃健身康复锻炼方法，适合青少年和女性健身锻炼。

具体来说，跳绳运动具有锻炼身心的全面性，科学参与锻炼，可有效增强人体心血管、呼吸和神经系统的功能；可以预防关节炎、肥胖症、骨质疏松、肌肉萎缩、失眠症、更年期综合征等多种病症；能有效促进青少年的生长发育；对女性有特殊保健作用，对哺乳期和绝经期妇女来说，跳绳可放松情绪，有利于女性的心理健康。

就运动量来说，持续跳绳 10 分钟，相当于慢跑 30 分钟或跳健身舞 20 分钟，是耗时少、耗能大的有氧运动。常见跳绳健身方法有以下几种。

1. 单摇跳

单摇跳是最基本、最简单的跳绳运动，包括以下多种跳法。

（1）单摇双脚跳

①前单摇双脚跳：双手持绳，绳在背后，向上一前摇绳，绳到脚下时，双脚跳过绳，连续跳跃。

②后单摇双脚跳：双手持绳，绳在体前，由前向后摇绳，绳到脚下时，两脚跳过绳，连续跳跃。

（2）单摇双脚交换跳

①前摇两脚交换跳：双手持绳，绳在背后，由前向后摇绳，两脚交替单脚跳过绳（图 5-4），也可向后方做跳绳跑。

②后摇两脚交换跳：由前向后摇绳做两脚交换跳练习。

（3）两臂体前交叉摇绳跳

双手体前交叉持绳两端，绳在体前，两臂交叉摇绳，在向前摇绳至体前方向下落，当脚跳过绳后，绳摇至头上时，两臂左右分开，摇跳一次，如此一摇一交叉反复跳（图 5-5）。

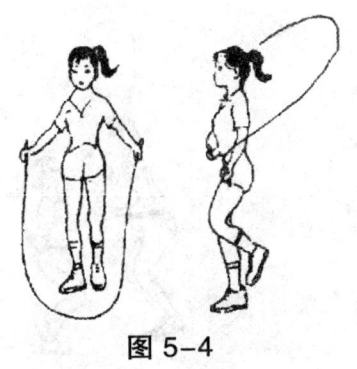 

图 5-4　　　　　　　图 5-5

2. 双摇跳

双摇跳，又称两摇跳、双飞跳。即跳起一次，摇绳在脚下通过两次。

（1）双摇双脚跳

①前双摇跳：绳在身后，由后向前摇绳，双脚起跳，高速快摇绳，使绳从脚下通过两次。

②后双摇跳：绳在身前，由前向后摇绳，双脚起跳，高速快摇绳，使绳从脚下通过两次。

（2）双摇单脚跳

双摇单脚跳反复与双摇双脚跳基本相同，只是起跳时，用单脚而不是双脚。

3. 带人跳绳

带人跳绳是一人摇绳，两人或者两人以上共同跳绳的运动形式。

与单人跳绳相比，带人跳绳多人参加，相互配合，有较强的趣味性和娱乐性，不仅具有较强的健身效果，还能提高运动者的注意力、协调配合能力。常见跳法如下。

（1）一人带一人摇跳

甲摇绳，乙站在不远处，伺机跑入跳绳，然后跟随甲的节奏，两人一起进行单脚或双脚的原地或行进间跳绳（图5-6）。

图 5-6

（2）钻绳洞

甲摇绳。甲乙二人相对站立。由后向前摇绳，甲乙齐跳3次，乙弯腰从甲手臂下快速钻到甲的身后（图5-7），两人再齐跳3次。第四次摇绳时，乙再从甲手臂下快速钻到甲的身前，如此反复进行钻绳跳（图5-8）。

图 5-7

图 5-8

（3）双人外手摇绳带人跳

两人并立，均用外侧手分别握同一条跳绳的两端，互相配合摇跳，熟练后可在中间、前、后带人一齐跳（图5-9）。

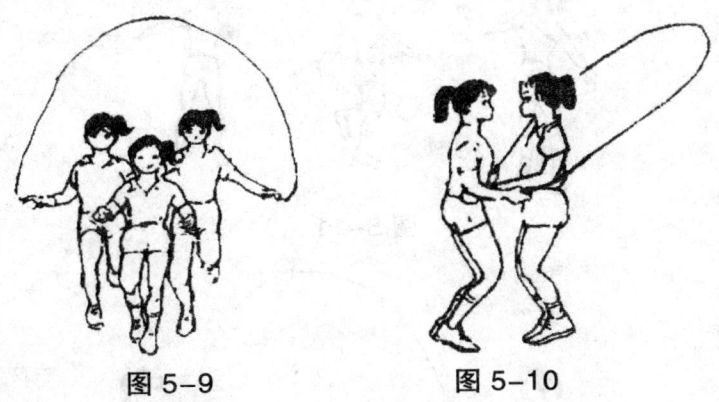

图5-9　　　　　　　图5-10

（4）带人双摇跳

带人双摇跳，又称"双人双摇跳"。摇跳过程中，两人互相配合，保持直体上跳，不要弯腰，避免发生碰撞而造成伤害。被带者可用双手扶在带人者的腰部，以把握摇跳的时机和节奏（图5-10）。

4. 跳长绳

多人参与，与前面几种跳绳方法相比，健身运动的娱乐性和游戏性更强，摇跳过程中还可以加上摇跳短绳或其他游戏，可令跳绳活动更加丰富多彩。常见跳法如下。

（1）跳长绳耍球

摇绳人匀速摇绳。跳绳人持球（篮球、排球、皮球等）上绳，边跳边连续拍球（图5-11）。

（2）跳长绳拾物

两人摇绳，跳绳人快步上绳，边跳边放物品（沙包、毽子、小石子等）于地上，再跳一次绳，将物品拾起，连续放、拾（图5-12）。

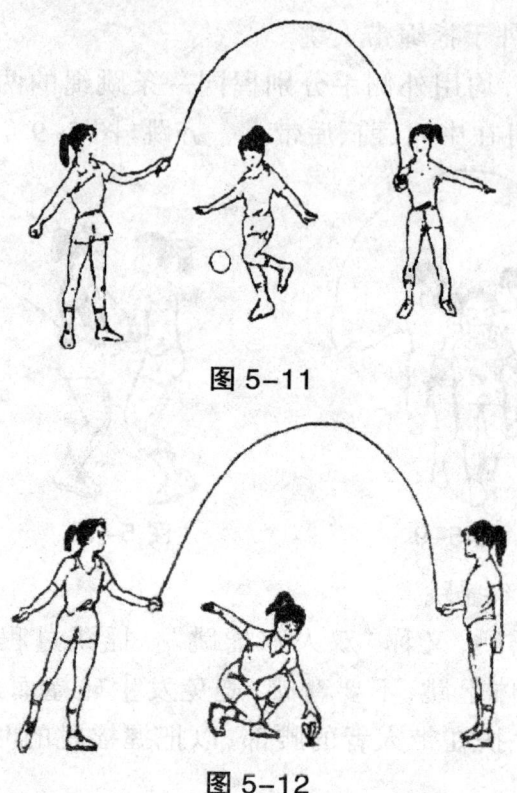

图 5-11

图 5-12

（3）长短绳齐摇跳

以三人共同参与的跳法为例，二人摇一条长绳，跳跃者持一条短绳，当长绳向上摆起时，跳跃者自摇短绳进行各种跳跃（图5-13）。

图 5-13

(4)二长一短跳绳

三人配合,两摇绳人左右手中各持一条长绳,交错摇两条长绳,跳绳人持一短绳上绳,上长绳后,跳几次长绳,然后开始摇跳短绳。第一次跳起,一条长绳和短绳一起通过脚下,再跳跃一次,另外一条长绳和短绳通过脚下,如此连续摇跳(图5-14)。

图 5-14

(5)集体跑8字跳长绳

两人摇一条长绳,多个跳绳者在摇绳者身后排成一队,由排头开始,跳绳者进入绳中,跳一次,跑出绳,绕到另一个摇绳人身后,准备再回跳,所有跳绳者依次进入绳,上绳、跳一次、跑出(图5-15)。

图 5-15

(6)集体跳波浪绳

两名摇绳者双手握一根长绳,并把绳子上下抖动成波浪形,其他人必须敏捷地从上跳过,谁碰到绳子,与摇绳者交换。

(7)集体跳蛇形绳

两名摇绳者双手握一根长绳,并把绳子左右抖动,使绳子像一条蛇在地上爬行,数名队员在中间跳来跳去,1分钟内触及绳子最少者为胜。

(四)游戏跳

1. 障碍跳

(1)弓步并腿跳跃障碍。障碍高30厘米,距障碍80厘米,弓步站立,支撑腿用力蹬地,跳起后双腿并拢,收腹跳过障碍。

(2)跳深。跳箱高60厘米,站在跳箱上,两腿并拢跳下,连续跳数次。

2. 跳台阶

(1)连续双脚跳台阶:台阶高30厘米,双腿并拢,跳上台阶,再跳下台阶。连续跳数次。

(2)连续台阶换腿跳:台阶高30厘米,一腿踏在台阶上,另一腿踏在地面。两腿同时跳起,在最高点换腿,连续跳数次。

3. 跳实心球

(1)连续向前跳过实心球:实心球15个,排成一列,每两个球间隔1米,双腿并拢,连续向前跳过实心球。

(2)连续侧向跳过实心球:实心球15个,排成一排,每两个球间隔1米,双腿并拢,连续侧向跳过实心球。

(3)跳起转体接实心球:背对接球方向,双脚左右开立紧紧夹住轻实心球。迅速跳起,用双腿将轻实心球抛向空中,身体落地迅速转体接住实心球。

4. 摇绳扫圈

一人双手握一根粗绳,其他人围成一个圆圈站立,当圈中心的握绳者握绳或竿做扫圆动作时,队员立即跳起,触及绳索或竹竿者为败。

5. 跳绳接力跑

在场地上划 2～4 条相距 15～20 米的平行线,一条为起点,另一条为折回线,并在每队折返点插一面小红旗。全体分两队,各队成纵队站在起点线后,游戏开始,各队第一人双手向前摇绳跑,绕过折返红旗往回跳绳跑回将绳交给本队第二人,直至本队最后一人跑回起跑线。先完成的队获胜。

第六章　全民时尚操舞健身

全民健身涉及人群广泛,不同的健身人群具有不同的健身需求。随着全民健身的逐渐深入,一些体育健身者在追求强身健体的基础上也开始越来越关注形体健康发展,并在全民健身富有典型时代特点的社会大背景下,健身的内容与形式也更多地体现出现代人追求健康美的特点,健身与健美密切结合起来,并进一步吸引了更多体育人口参与到时尚健身健美运动中来。本章重点就全民健身中的典型时尚健身操舞运动项目进行全面解析,以为更多想要通过健身活动来提高个人时尚感、完善健美形体、培养良好气质的运动者提供健身实践指导。

第一节　健美操

健美操是一项融健身、健美、娱乐、竞技于一体的运动项目。健身健美操是健美操的一个重要分类,其又称大众健美操,科学的健美操学练可有效实现强身健体、减脂塑形、提升气质的运动效果。健身健美操内容丰富、动作简单、音乐可控、锻炼全面、实用性强,男女老少皆可参与,是大众健身健美首选运动项目之一。

一、健美操基础动作健身

（一）头颈动作

（1）屈：头部向前、后、左、右四个方向分别做颈部关节弯曲的运动(图 6-1)。

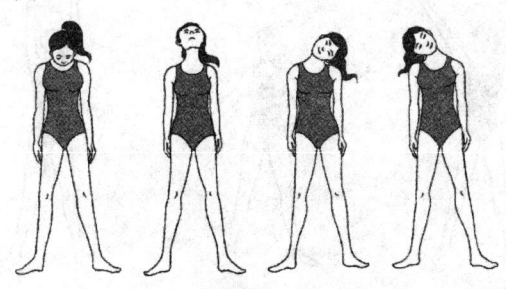

图 6-1

(2)转：头正直,下颌平稳,头颈部沿身体垂直轴向左、右转动 90°（图 6-2）。

(3)环绕：头正直,头颈部沿身体垂直轴向左或右转动 360°（图 6-3）。

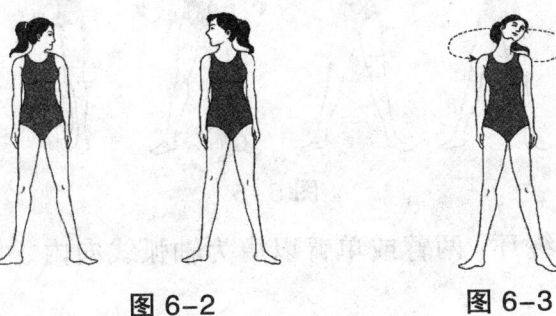

图 6-2　　　　　　图 6-3

(二)上肢动作

(1)举：以肩为轴,手臂向各个方向移动并固定,动作表现为前举、后举、侧举、侧上举、侧下举、上举等(图 6-4)。

图 6-4

（2）屈：肘由曲到直或由直到曲的动作,如胸前平屈、肩侧屈、肩侧上屈、肩侧下屈、胸前上屈、头后屈（图 6-5）。

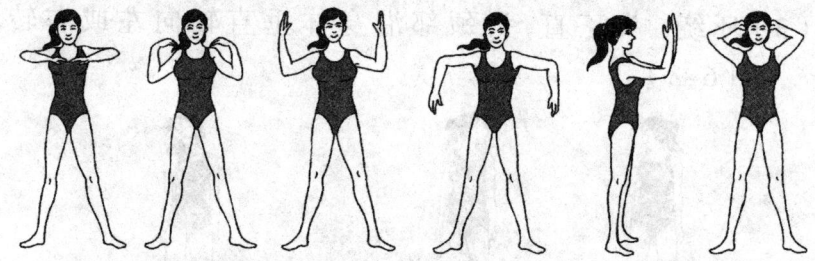

图 6-5

（3）绕、绕环：两臂或单臂以肩为轴弧线向内、外、前、后绕或环绕（图 6-6）。

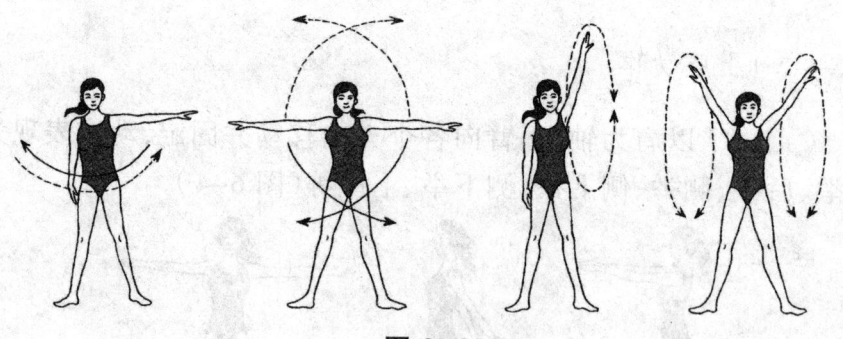

图 6-6

(三) 肩部动作

（1）提肩：两脚开立,上体正直,肩部垂直上提（图 6-7）。

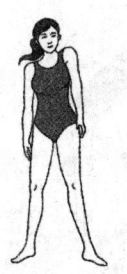
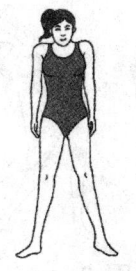
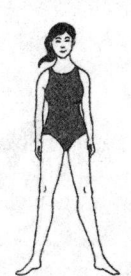

图 6-7　　　　　　　　图 6-8

（2）沉肩：两脚开立，上体正直，肩部（双肩）沿身体垂直轴向下沉落（图6-8）。

（3）绕肩：自然开立，上体正直，肩部（单肩或双肩）沿身体前、后、上、下四个方向绕动（图6-9）。

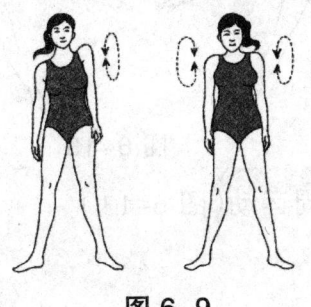

图 6-9　　　　　　　　图 6-10

（四）胸部动作

（1）含胸、挺胸：含胸时，低头，收腹，收肩，身体放松但不松懈，形成背弓；挺胸时，抬头，挺胸，展肩，身体紧张但不僵硬（图6-10）。

（2）移胸：髋部固定，以腰腹发力，带动并跟随胸部左右移动。

（五）腰部动作

（1）屈：腰部伸展，向前或向侧做拉伸运动，如前屈、后屈、侧屈（图6-11）。

图 6-11

（2）转：腰部发力，带动身体左右转动（图 6-12）。

图 6-12　　　　　　　　　　　图 6-13

（3）绕和环绕：腰部做弧线或圆周运动（图 6-13）。

(六) 髋部动作

（1）顶髋：两腿开立，一腿伸直支撑、另一腿屈膝内扣，上体正直，双手叉腰，向前后左右方向顶髋（图 6-14）。

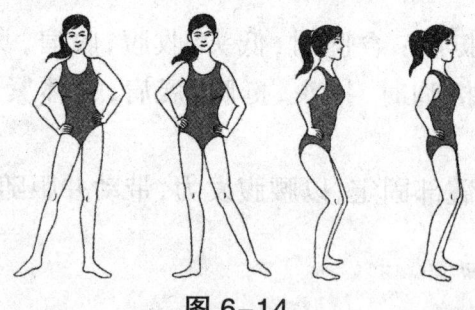

图 6-14

（2）提髋：两脚开立，体侧曲臂，半握拳，向左、右上提髋（图 6-15）。

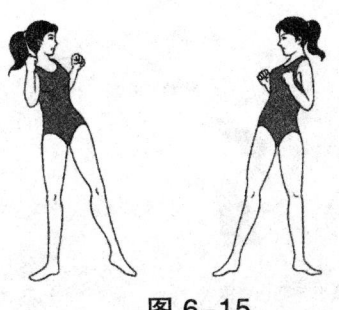

图 6-15　　　　　　图 6-16

（3）绕和环绕：两脚开立，双手叉腰，髋向左、右方向做弧线或圆周运动（图6-16）。

（七）下肢动作

（1）直立、开立：双腿打开，脚间距同肩宽（图6-17）。

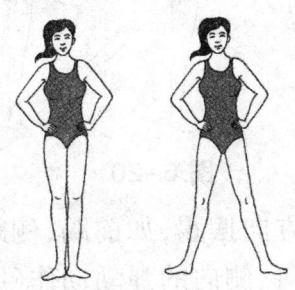

图 6-17

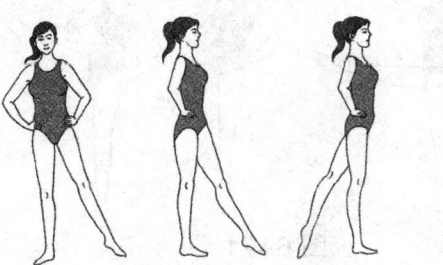

图 6-18

（2）点立：伸出一条腿做点立或双腿提踵立，包括侧点立、前点立、后点立、提踵立等动作（图6-18）。

（3）弓步：大步迈出一腿，做前、侧、后屈的动作（图6-19）。

图 6-19

图 6-20

（4）踢：腿向各个方向摆踢，如前踢、侧踢、后踢（图 6-20）。

（5）弹：双腿做正向、侧向的弹动动作（图 6-21）。

图 6-21

（6）跳：各种姿势的腿部跳动，如并腿跳、开并腿跳、踢腿跳等（图 6-22）。

第六章 全民时尚操舞健身

图 6-22

二、健美操套路动作健身

（一）第一小节

1. 第一个 8 拍

预备姿势：站立。
第 1 拍：右臂侧举，右脚十字步。
第 2 拍：左臂侧举，下肢不动。
第 3 拍：双臂上举，两脚前后立。
第 4 拍：双臂下举，两脚开立。
第 5～8 拍：屈臂自然摆动，7～8 拍手臂动作同 5～6 拍动作；向后走四步。

2. 第二个 8 拍

动作同第一个 8 拍，但向前走 4 步。

3. 第三个 8 拍

第 1～6 拍：手臂动作 1～2 拍右手前举，第 3 拍双手叉腰，4～5 拍左手前举，第 6 拍双手胸前交叉；下肢动作为 1～6 拍从右脚开始 6 拍漫步。
第 7～8 拍：双臂侧后下举；右脚向后 1/2 漫步。

4. 第四个8拍

第1~2拍：拍屈右臂自然摆动；右脚向右并步跳。

第3~8拍：手臂动作3~4拍前平举弹动2次，5~6拍侧平举，7~8拍后斜下举；下肢动作为3~8拍从左脚开始，向右前方做前、侧、后6拍漫步。

第五至八个8拍，动作同前四个8拍，但方向相反。

(二) 第二小节

1. 第一个8拍

第1~2拍：右臂侧上举，左臂侧平举；右脚向右侧滑步。

第3~4拍：双臂屈臂后摆；1/2后漫步。

第5~6拍：头前上击掌3次；左脚向前方做并步。

第7~8拍：双手叉腰，右脚向右后做并步。

2. 第二个8拍

第1~2拍：击掌3次；左脚向左后方并步。

第3~4拍：双手叉腰；右脚向右后做并步。

第5~6拍：左臂侧上举；左脚向前左侧滑步。

第7~8拍：双臂屈臂后摆；1/2后漫步。

3. 第三个8拍

第1~4拍：双臂向前冲拳、向后下冲拳2次；右转90°，右脚上步吸腿2次。

第5~8拍：双臂由右向左水平摆动；左脚V字步左转90°。

4. 第四个8拍

第1~2拍：手臂动作为第1拍双臂胸前平屈，第2拍左臂上举；下肢动作为左腿吸腿（侧点地）1次。

第3~4拍：手臂动作为第3拍同第1拍动作，第4拍还原；下肢动作为左腿吸腿（侧点地）1次。

第 5～8 拍：同 1～4 拍动作，但方向相反。

第五至八个 8 拍，动作同前四个 8 拍，但方向相反。

（三）第三小节

1. 第一个 8 拍

第 1～4 拍：双臂上举，下拉；1～3 拍右脚侧并步跳，第 4 拍时右转 90°。

第 5～8 拍：手臂动作为 5～7 拍双臂屈臂前后摆动，8 拍时，上体向左扭转 90°，双臂侧下举；下肢动作为左脚侧交叉步。

2. 第二个 8 拍

第 1～4 拍：双臂上举、下拉；双腿向右侧并跳步，第 4 拍时左转 90°。

第 5～6 拍：右臂前下举；左脚开始侧并步 1 次。

第 7～8 拍：左臂前下举；左脚开始侧并步 1 次。

3. 第三个 8 拍

第 1～4 拍：手臂动作第 1 拍双臂肩上屈，第 2 拍两臂下举，3～4 拍双臂肩前屈；下肢动作左脚向前一字步。

第 5～6 拍：双臂上举，掌心朝前；向左分并腿 1 次。

第 7～8 拍：双手放膝上；向右分并腿 1 次。

4. 第四个 8 拍

第 1～4 拍：手臂动作 1～2 拍手侧下举，3～4 拍胸前交叉；下肢动作为左脚向后一字步。

第 5～8 拍：双臂经胸前交叉侧上举 1 次，侧下举 1 次；下肢动作为左、右依次分并腿 2 次。

第五至八个 8 拍，动作同前四个 8 拍，但方向相反。

(四)第四小节

1. 第一个 8 拍

第 1~2 拍:右臂体侧内绕环;右脚开始小马跳 1 次,向侧向前成梯形。

第 3~4 拍:左臂体侧内绕环,右脚开始小马跳 1 次,向侧向前成梯形。

第 5~8 拍:同 1~4 拍动作。

2. 第二个 8 拍

第 1~4 拍:屈臂自然摆动;右脚开始弧形跑 4 步,右转 270°。

第 5~8 拍:手臂动作为 5~6 拍双手放腿上,7 拍击掌,8 拍放于体侧;下肢动作为开合跳 1 次。

3. 第三个 8 拍

第 1 拍:双臂胸前交叉;右脚向右前上步。

第 2 拍:右臂侧举、左臂上举;右脚上步后屈腿。

第 3 拍:双臂胸前交叉;右脚向右前上步。

第 4 拍:双手叉腰;两脚并立,八字脚。

第 5~8 拍:手臂动作同 1~4 拍;下肢动作为左脚向前上步后屈腿、腿还原、八字脚。

4. 第四个 8 拍

第 1~2 拍:第 1 拍右手左前下举,第 2 拍双手叉腰;下肢动作为右侧点地 1 次。

第 3~4 拍:第 3 拍左手右前下举,第 4 拍双手叉腰;下肢动作为左侧点地 1 次。

第 5~8 拍:手臂动作为第 5 拍双臂胸前平屈,第 6 拍前推,第 7 拍同第 5 拍动作,第 8 拍同侧下垂;下肢动作为右脚上步向前转脚跟,还原。

第五至八个 8 拍,动作同前四个 8 拍,但方向相反。

第二节 体育舞蹈、广场舞

一、体育舞蹈

体育舞蹈是一种深受大众喜爱的健身体育运动,它集体育、音乐、舞蹈于一体,具有健身、竞技、消遣、娱乐、审美等多元价值。体育舞蹈内容体系丰富、种类多样,不同舞种各具不同的风格与特点,能满足不同人的体育健身需求。这里重点就华尔兹、维也纳华尔兹、探戈(隶属摩登舞系)和伦巴、恰恰恰、桑巴(隶属拉丁舞系)这几个流行广泛的舞种健身舞步学练进行阐释。

（一）华尔兹舞步健身

华尔兹(Waltz),又称"慢华尔兹""慢三步",是一种表现爱情的舞蹈。

1. 前进步

（1）男士左足前进；女士右足后退。
（2）男士右足横步；女士左足横步。
（3）男士左足并于右足；女士右足并于左足。

华尔兹前进步的舞步如图6-23所示。

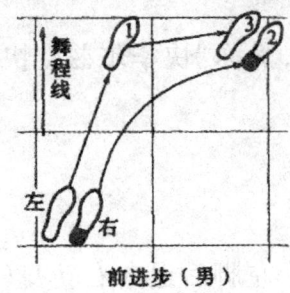 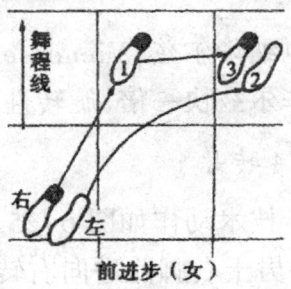

图 6-23

2. 换并步

（1）男士右足前进；女士左足后退。

（2）男士左足前进横步；女士右足后退横步。

（3）男士右足并步；女士左足并步。

华尔兹换并步的基本舞步如图 6-24 所示。

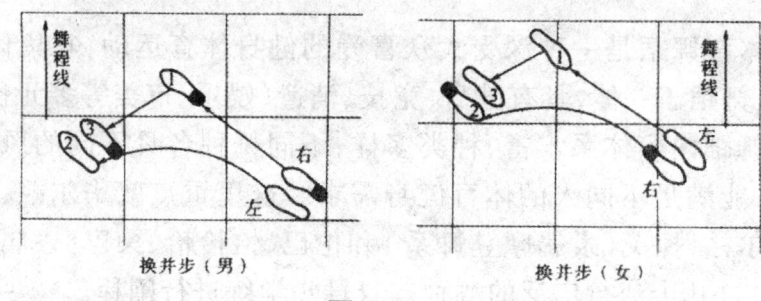

图 6-24

3. 踌躇步

（1）男士左脚前进左转；女士右脚后退开始左转。

（2）男士右脚横步 1~2 之间转 1/4 周，脚掌着地；女士左脚横步 1~2 之间转 1/4 周，脚掌着地。

（3）男士左脚并与右脚不置重量 2~3 之间转 1/8 周（掌跟重心在右脚）；女士右脚并与左脚不置重量 2~3 之间转 1/8 周（掌跟重心在左脚）。

（二）维也纳华尔兹舞步健身

维也纳华尔兹（Viennese Waltz），又称"快华尔兹""快三步"，速度比华尔兹快一倍，旋转性更强。

1. 1/4 转身

舞步技术动作如图 6-25 所示。

（1）男士右脚前进向右转身，女士左脚后退向右转身（快）。

（2）男士左脚小步继续右转，女士右脚后退（快）。

（3）男士右脚并左脚（由面对右脚变为背向左脚），女士左脚并右脚(快)。

(4)男士左脚后退,女士右脚前进向左转身(快)。

(5)男士右脚退后靠拢左脚,女士左脚前进靠近右脚(快)。

(6)男士右脚靠在左脚上面,重心仍在左脚;女士左脚靠在右脚上(快)。

(7)男士右脚后退向左转身,女士左脚傍步(快)。

(8)男士左脚靠着右脚,右脚用脚跟向左转身;女士右脚傍步(快)。

(9)男士由背向左脚变为面对右脚,女士左脚并右脚(快)。

(10)男士左脚前进,女士右脚后退(快)。

(11)男士右脚前进靠拢左脚,女士左脚后退靠拢右脚(快)。

(12)男士右脚靠在左脚上,但重心仍在左脚上面;女士左脚靠在右脚上(快)。

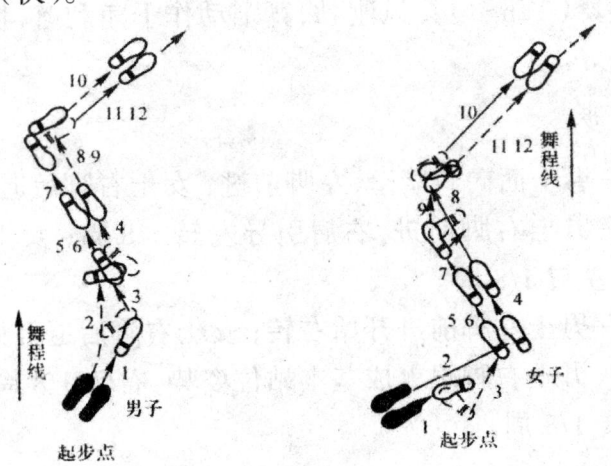

图 6-25

2. 右转

(1)男士右脚前进,右转身;女士左脚后退,右转身。

(2)男士左脚傍步继续右转;女士步同男子第四步。

(3)男士右脚并左脚(背向舞程线);女士步同男子第五步。

(4)男士左脚后退,向右转身;女士步同男子第一步。

(5)男士右脚并左脚,身体重心仍在左脚上,用左脚脚跟向右转身；女士同男第二步、第三步。

（6）同第五步。

3. 左转

（1）男士左脚前进，左转身；女士右脚后退，左转身。

（2）男士右脚傍步继续左转；女士同男子第五步。

（3）男士左脚并右脚（背向舞程线）；女士同男子第六步。

（4）男士右脚后退，左转身；女士左脚前进，左转身。

（5）男士左脚并右脚，重心在左脚，右脚脚跟左转135°；女士同男第三步、第四步。

（6）同第五步。

（三）探戈舞步健身

探戈舞（Tango）舞风刚劲，舞蹈动作干净利落，快慢相间，健身效果良好。

1. 常步

S——男士面向斜墙壁，左脚前进；女士右脚后退。

S——男士右脚前进，右肩引导左转1/8周；女士左脚后退，左肩引导左转1/8周。

Q——男士左脚前进开始右转；女士右脚后退开始右转。

Q——男士右脚跟上成基本站位姿势，右转1/8周；女士左脚跟上，右转1/8周。

2. 快四步

Q——男士左脚前进；女士右脚后退。

Q——男士左脚横步稍后左转1/8周；女士左脚横步稍前左转1/8周。

Q——男士左脚后退；女士右脚外侧前进。

Q——男士右脚后退并于左脚，身体面向斜墙壁指向斜中央，右转1/8周；女士左脚前进并于右脚，重心在左脚，身体面向中央指向斜中央,右转1/8周。

3. 换步五步

Q——男士左脚前进,左转3/4周;女士右脚后退,左转1/2周。

Q——男士右脚横步稍后,背向舞程线;女士左脚横步稍前指向舞程线。

S上半拍——男士左脚后退背向斜中央;女士右脚外侧前进。

S下半拍——男士右脚后退成P.P.舞姿,背向斜中央;女士左脚前进背向另外一条舞程线的斜墙壁。

S——男士左脚脚尖点地,面向另外一条舞程线的斜墙壁;女士右脚点地成P.P.舞姿。

(四)伦巴舞舞步健身

伦巴舞有"拉丁舞之魂"的称号,它的音乐缠绵,舞蹈风格柔媚而抒情,健身强度适中。

1. 基本动作(Basic Movement)

(1)男士左足前进,胯向左后摆转(前脚掌平面)。女士右足后退,髋向右后摆转(重心脚外展)。

(2)男士重心后移至右足,胯向右后摆转。女士重心前移至左足,胯向左后摆转。

(3)男士左足横步稍后,胯经前向左后摆转。女士右足横步稍前,胯经前向右后摆转。

伦巴舞基本舞步动作如图6-26所示。

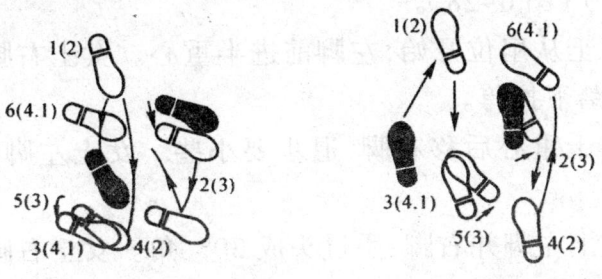

图6-26

2. 扇形步

男女舞伴向左右打开,形成扇形面,一般是做完基本步的前半部后由男士引导做扇形步,节拍1小节3步(图6-27)。

(1)男士右脚后退(闭式舞姿准备)。女士左脚前进,准备向左转。

(2)男士重心前移至左脚,右手带领女士左转。女士上右脚准备左转,右脚后退。

(3)男士右脚步横补与女士分离,左手握女士右手。女士左脚步后退与男士分离(节奏4)。

男士重心移至右脚,右胯摆出,完成扇形步。女士重心移至左脚,右胯摆转,完成扇形步(1)。

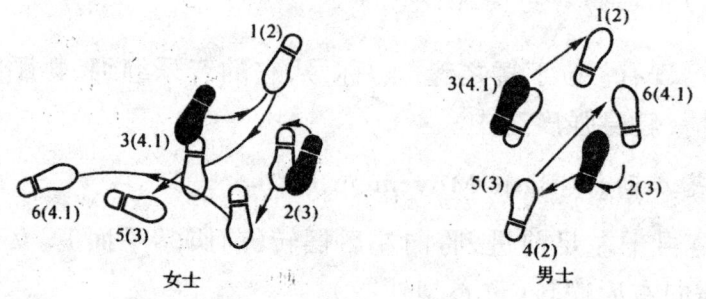

图6-27

3. 阿莱曼娜

阿莱曼娜(Alemana)是一个较常用的舞步,一般从扇形位连接,也有一定难度,可以接开式、闭式、套锁式、手接手、点转(节拍2小节6步)(图6-28)。

(1)男士从扇位开始,左脚前进半重心。女士右脚掌向左脚并步,脚跟踏下拧胯。

(2)男士重心后移右脚,退步要小些。女士左脚前进,展示腿形的美。

(3)男士左脚并右脚,手过头成30°角。女士右脚前进靠近男士,不要超男士领带线,在1的后半拍(&)时略向右转(由男士引带,眼对视)。

(4)男士右脚后退,步子要小些。女士以右脚为轴,向男左臂下转1/4周左脚在前。

(5)男士重心移至左脚。女士左脚为轴,继续右转1/4周,右脚前进。

(6)男士右脚并左脚,每次重心转换要清楚。女士左脚前进,右转1/4周成闭式。

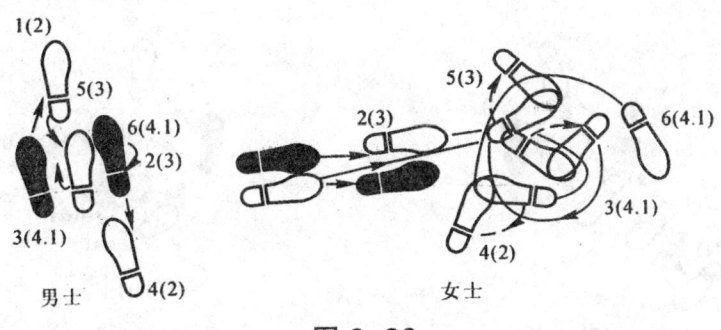

图6-28

(五)恰恰恰舞步健身

恰恰恰是曼波舞的一种变形,比曼波舞的速度要快很多,风格特点活泼欢快,热情奔放,诙谐俏皮,步法干脆利落。

1. 基本动作(Basic Movement)

共5步,同伦巴一样第1拍是胯部动作,第2拍出步,重点表现在第3至第5步中(图6-29、图6-30)。

(1)男士左脚前进,先移重心不必出胯。女士右脚后退,步子稍小些,身体上展。

(2)男士重心移回右脚,两腿间有相互的吸力。女士重心移回左脚。

(3)男士左脚横步,横步时手臂、腿部动作一致。女士右脚横步。

(4)男士右脚向左脚并步,跷脚跟双膝稍弯。女士左脚向右脚并步,跷脚跟,双膝稍弯。

（5）男士左脚横步，直膝。女士右脚横步，直膝。

（6）男士右脚后退。女士左脚前进。

（7）男士左脚原地踏一步。女士右脚原地踏一步。

（8）男士右脚横步。女士左脚横步。

（9）男士左脚向右并步，踮脚跟双膝稍弯。女士右脚向左并步，踮脚跟双膝稍弯。

（10）男士右脚横步，直膝。女士左脚横步，直膝。

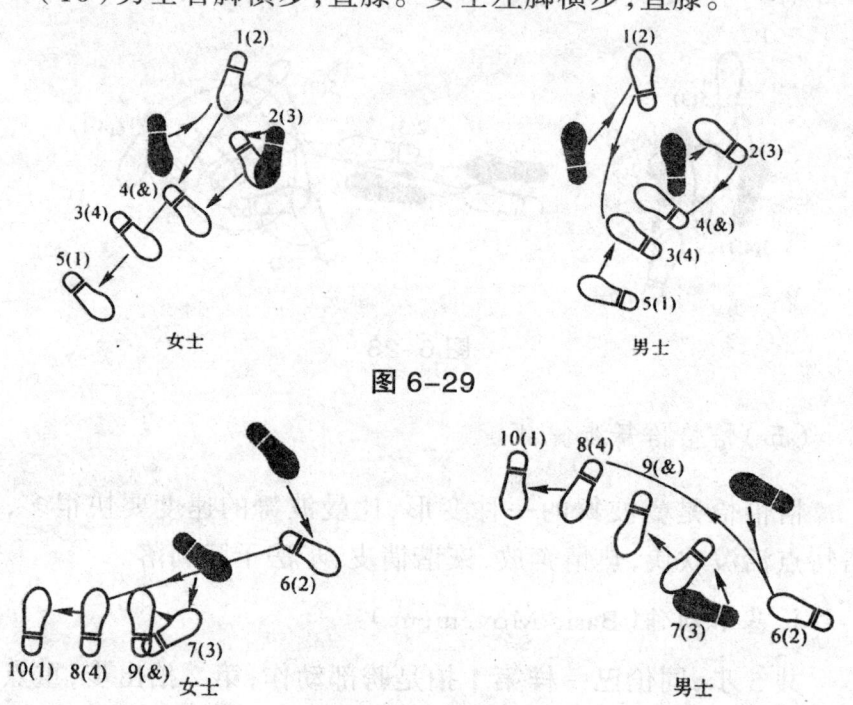

图 6-29

图 6-30

2. 手接手

合并步时两人相拉或相对，由阿莱曼娜连接，也可接点转步、纽约步（图 6-31）。

（1）男士左转 1/4 周，左脚后退，左手向旁打开。女士右转 1/4 周，右脚后退，右手向旁打开。

（2）男士右脚原地踏一步，在后半拍时准备右转。女士左脚原地踏一步，在后半拍时准备左转。

（3）男士右转 1/4 周,左脚踏步,左手与女士右手相拉。女士左转 1/4 周,右脚横步,右手与男士左手相拉。

（4）男士右脚向左脚并步。女士左脚向右脚并步。

（5）男士左脚横步,直膝。女士右脚横步,直膝。

（6）男士右转 1/4 周,右脚后退,左手与女士相拉。女士左转 1/4 周,左脚后退,右手与男士相拉。

（7）男士左脚原地踏一步,后半拍准备左转。女士右脚原地踏一步,后半拍准备右转。

（8）男士左转 1/4 周,右脚横步,双手与女士相拉。女士右转 1/4 周,左脚横步,双手与男士相拉。

（9）男士左脚并右脚。女士右脚并左脚。

（10）男士右脚横步,然后再反复左脚后退。女士左脚踏步,然后再反复右脚后退。

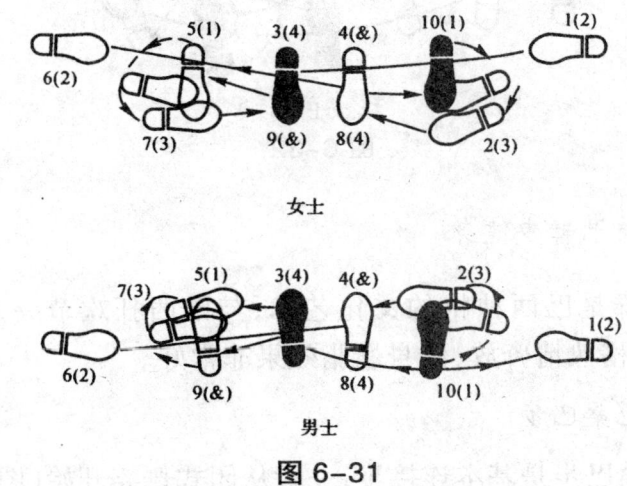

图 6-31

3. 点转

动力脚交叉主力脚前面,以双脚掌为轴的转身,转动时重心主要在前脚,男女舞伴同时转（图 6-32）。

（1）男士右脚进左脚前交叉,脚跟离地,双脚掌为轴左转,转时重心偏右,有肩引导。女士左脚进右脚前交叉,脚跟离地,双脚掌为轴右转,重心偏向左脚,注意视点转换。

（2）男士继续左转,重心在左脚。女士继续右转,重心在右脚。

（3）男士左转一周完成与女士相对,右脚横步。女士右转一周完成与男士相对,左脚横步。

（4）男士左脚并右脚。女士右脚并左脚。

（5）男士右脚横步,这一步是上一步所蓄积的力。女士左脚横步,胯部的动作是腿部经过超伸放松后自然结果。

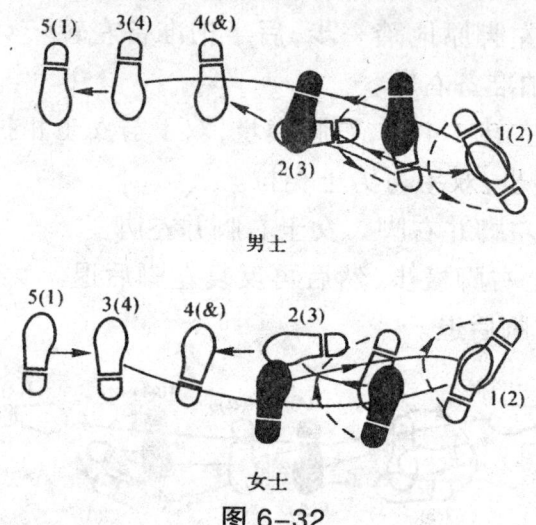

图 6-32

（六）桑巴舞步健身

桑巴舞是巴西独特的文化艺术,与巴西狂欢节一起名扬全球,舞蹈风格热情奔放,健身燃脂效果非常好。

1. 原地桑巴步

原地桑巴步是基本连接步,一般从闭式舞姿开始(图 6-33)。

（1）男士左脚前进小步。女士右脚前进小步。

（2）男士右脚后退,伸直后掌,重心半移至右脚。女士左脚后退,伸直后掌,重心半移至左脚。

（3）男士左脚向右脚方向后拖一步。女士右脚向左脚方向后拖一步。

（4）男士右脚前进小步。女士左脚前进小步。

（5）男士左半腿后退，伸直后撑，重心半移至左脚。女士右脚后退，伸直后撑，重心半移至右脚。

（6）男士右脚向左脚方向后拖一小步。女士左脚向右脚方向后拖一小步。

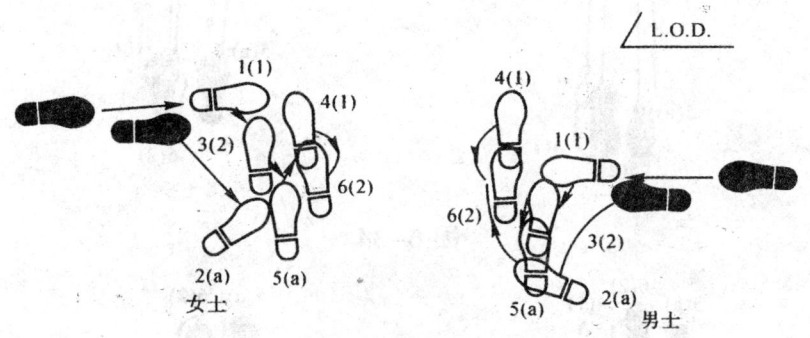

图 6-33

2. 左进基本步

以闭式舞姿开始，左脚前进，舞步在重拍时脚掌平着前进或后退，在"a"时用脚掌踮步（图 6-34）。

（1）男士左脚前进。膝稍弯，手臂的高度与眼睛平。女士右脚后退，膝稍弯。

（2）男士右脚掌并左脚，膝稍伸直。女士左脚掌并右脚，膝稍伸直。

（3）男士重心移至左脚，膝稍弯。女士重心移至右脚，膝稍弯。

（4）男士重心仍在左脚，膝稍直。女士重心仍在右脚，膝稍直。

（5）男士右脚后退，膝稍弯。女士左脚前进，膝稍弯。

（6）男士左脚掌并右脚，膝稍弯。女士右脚掌并左脚，膝稍弯。

（7）男士重心移至右脚，膝稍弯。女士重心移至左脚，膝稍弯。

3. 右进基本步

以闭式舞姿开始，右脚前进，做法与左基本步相同，只是进退的脚步不同（图 6-35）。

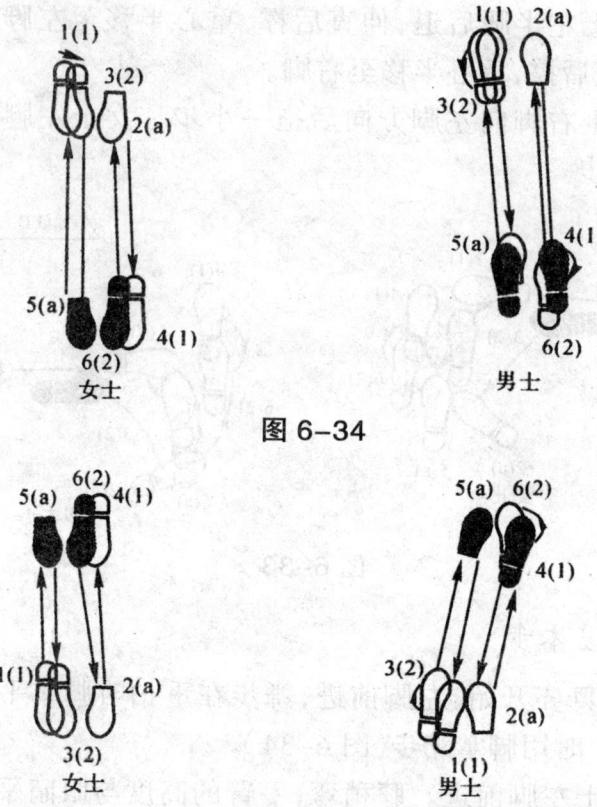

图 6-34

图 6-35

（1）男士左脚后退,膝稍弯(闭式舞姿开始)。女士右脚前进,膝稍弯。

（2）男士右脚掌并左脚,膝稍伸直。女士右脚前进,膝稍伸直。

（3）男士重心移至左脚。女士重心移至右脚。

（4）男士右脚前进,膝稍弯。女士左脚前进,膝稍弯。

（5）男士左脚掌并右脚,膝稍直。女士右脚掌并左脚,膝稍直。

（6）男士重心移至右脚,膝稍弯。女士重心移至左脚,膝稍直。

二、广场舞

广场舞是具有中国特色的全民健身内容和形式,在我国影响广泛,是全民健身的一道亮丽风景。

广场舞健身多由人民群众自发组织开展,以中老年人参与人群为主,舞蹈内容和形式多样,具有很高的自由性与灵活性。主要结合我国民族传统经典曲目和当下流行歌曲创编成成套的舞蹈套路练习,练习多以群体形式进行。

由于广场舞健身曲目多、舞蹈健身动作自主创编性高,自由度大,这里重点就广场舞初学者科学学练广场舞动作健身方法进行分析,以为健身者学练每个完整舞蹈奠定健身方法基础。

(1) 分节练习:对各节动作进行分解,逐一学练各节动作。

(2) 分段练习:将全套动作分成几段,每次专门练习一段,最后将各段连接起来练习。

(3) 对称练习:一节动作中,按左右路或前后排,在方向、部位、方法等方面做对称练习。

(4) 连续练习:全套动作从开始至最后不停地连续完成。

(5) 断连练习:在某一、两节动作暂停,分节练习。

(6) 重复练习:每节动作先练二八拍后纠正,再重复练习。

第三节 大众时尚形体健身

一、瑜伽

瑜伽是一种古老的东方健身术,经过长期不断地发展,在现代社会成为一项时尚健身运动,其健身节奏缓慢,动作量力而行,修身养性相结合,形体健美效果显著,是当前大众时尚形体健身项目,尤其深受年轻女性的喜爱。

瑜伽历史悠久,健身内容与方法体系复杂,各种健身技巧与瑜伽饮食观念相结合,令瑜伽健身效果更佳,这里主要结合大众健身特点与需求,就常见瑜伽坐姿与体式进行详细阐析。

（一）瑜伽基本健身坐姿

1. 简易坐

简易坐，又称为安逸式，是瑜伽初学者最理想的一种坐姿。

（1）直腿并腿坐，两腿伸直，弯右小腿，右脚放在左大腿之下，弯左小腿，左脚放在右大腿之下。

（2）双手置于膝上，头、颈和躯干保持在一条直线上（图6-36）。

图6-36

2. 半莲花坐

（1）直腿并腿坐，两腿伸直，弯右小腿，右脚脚板底顶紧左小腿内侧，弯左小腿并左脚放在右大腿上（图6-37）。

（2）头、颈和躯干保持在一条直线上。

图6-37

3. 莲花坐（图6-38）

（1）坐，双手抓住左脚，放于右大腿上，脚跟放在肚脐区域下方,左脚板底朝天。双手抓住右脚,扳过左小腿上方,放在左大腿上,右脚跟放在肚脐区域下方,右脚板底朝天。

(2)脊柱伸直,两膝尽量贴地。

图 6-38

4. 雷电坐(图 6-39)

雷电坐,又称为金刚坐或钻石坐,坐姿舒适稳固,可体现力量美。

(1)直腿并腿坐,两膝跪地,两小腿胫骨和两脚脚背平放地面,两脚靠拢。两个大脚趾互相交叉,两脚跟外指。

(2)伸直背部,臀部放落在两脚内侧、两脚跟之间。

图 6-39

5. 至善坐(图 6-40)

(1)直腿并腿坐,弯曲左小腿,右脚捉住左脚使左脚跟顶住会阴,左脚板底紧靠右大腿。曲右小腿,将右脚放于左脚踝之上。右脚跟靠紧耻骨,右脚板底放在左腿的大腿与小腿之间。

(2)背、颈、头部挺直。闭眼,内视鼻尖处。

图 6-40

6. 吉祥坐(图 6-41)

(1)直腿并腿坐,弯曲左小腿,左脚板顶住右大腿;弯曲右小腿,右脚放在左大腿和左小腿腿肚之间;两脚趾楔入另一腿的大腿和小腿腿肚之间。

(2)两手放在两腿之间空位处或两膝上,头、颈和躯干保持在一条直线上。

(3)会阴不被顶住,其他同至善坐。

图 6-41

(二)瑜伽常见体式健身

1. 树式(图 6-42)

(1)站姿,双脚并拢,挺身直立,手心胸前合掌。

(2)重心落在右腿,直膝。

(3)吸气,左脚放于右小腿内侧;左膝外展,双手胸前合掌,目视前方;左脚放在右大腿内侧。

(4)吸气,双手于头顶上方合掌。收腹,挺腰,身体向上,持续 30～60 秒,均匀呼吸。

（5）呼气,还原。

图 6-42

2. 腰转动式（图 6-43）

（1）直立,两脚分开约 50 厘米左右。

（2）十指相交,吸气,两臂高举过头。

（3）转腕,两手掌心向上。

（4）呼气,身体前俯,腿和背成 90° 角,目视两手,上身躯干尽量右转;再尽量左转。

图 6-43

3. 蝴蝶式（图 6-44）

（1）坐姿,两脚底合拢,双手合抱脚趾尖,逐步收合两脚脚跟至两腿分叉处。

（2）身体前倾,两肘将双膝推到地面上。

图 6-44

4. 船式（图 6-45）

（1）仰卧，双脚并拢，两臂体侧平放。

（2）吸气，上身、双脚与两臂上抬，以脊椎骨为支点臀部着地。

（3）锁紧脚跟，双脚以 45°角撑展蹬直，躯干与双脚形成"V"形。两手向前伸直，挺直腰背和胸腔，双脚并拢夹紧。

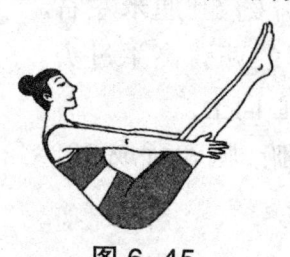

图 6-45

5. 肩倒立式（图 6-46）

（1）仰卧，背部贴地平卧，两臂体侧平放，掌心向下。

（2）两臂下按以求平稳，腿慢慢举离地面。

（3）两腿垂直地面时，升髋，将腿部向后方送远，让两腿伸展在头部之上。

（4）两脚上举，两手托起腰部两边，撑起躯干。

6. 顶峰式（图 6-47）

（1）跪姿，臀部放在两脚脚跟上，脊柱挺直。

（2）两手放在地上，抬高臀部，两手两膝着地跪下来。

（3）吸气，伸直两腿，伸展腿腱，臀部升高。

（4）脚跟放在地上，双臂和背部成一条直线，头在两臂之间。整个身体像一个三角形。

图 6-46

图 6-47

7. 虎式(图 6-48)

(1)跪姿,臀部坐落在两脚跟上,伸直脊柱。

(2)两手放在地板上,抬高臀部,做出爬行的姿势。

(3)目平视,吸气,左腿后伸。

(4)蓄气不呼,弯曲左膝,膝指向头部。

(5)两眼向上凝视,保持姿势数秒。

(6)呼气,屈膝的腿放回髋部下面,挨及胸部。

(7)脚趾略高于地面,两眼向下看,鼻擦膝部。

(8)脊柱弯成拱形,右腿向后伸展。

图 6-48

8. 弓式(图 6-49)

(1)俯卧,两臂靠体侧平放,掌心向上。

(2)腿、脚全都并拢。

(3)屈膝,两小腿尽量收回至臀部。

(4)两手后伸,抓住曲脚或两脚踝。

(5)深吸气,尽量翘躯干,背部成凹拱形,头部尽量后抬。

(6)手把双腿往后拉,双膝尽量举高,保持姿势数秒后慢慢还原。

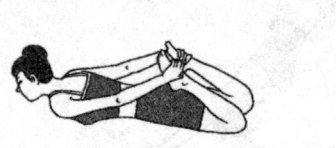 

图 6-49

9. 犁式(图 6-50)

(1)仰卧,两腿伸直,两脚并拢。两手平靠体侧,掌心向下。保持 15～20 秒钟。

(2)吸气,两掌下按,收缩腹部肌肉使两腿离开地面举起,升至躯干上方。当两腿上升至躯干成垂直角度之后,呼气,两腿继续向后摆至两脚伸过头后。

(3)两腿继续后伸,下降,尽力使脚趾碰到地面,保持姿势 10～15 秒钟。

(4)双脚向头后送去,两臂滑向背后,保持姿势 10～15 秒钟。

图 6-50

10. 轮式(图 6-51)

(1)仰卧,背部贴地面,双腿伸直,两手放在体侧,掌心向下。

(2)屈膝,将脚跟收回紧贴大腿背后,两脚底继续平放在地面上。

（3）双手放在头部两边,掌心平贴地板,指尖向着脚的方向。

（4）吸气,拱起背部,将髋部与腹部向上升起。

（5）让头部向地板低垂,双手、双腿用力下按。

（6）均匀呼吸,保持姿势约10秒。

（7）屈肘,把头放低到地面上,双臂、双腿还原至开始姿势。

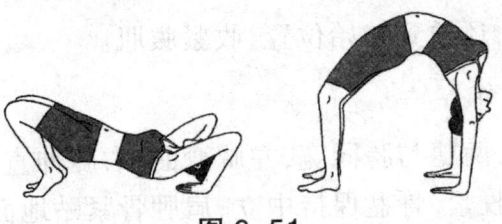

图6-51

二、普拉提

普拉提是一种偏静态的有氧健身健美运动,不局限场地、不拘泥动作,同瑜伽相比,动作难度更小,即使是没有任何运动健身基础的人也可以参与练习。

（一）普拉提基本动作健身

1. 颈曲动作

（1）仰卧,两腿分开,与胯同宽;收腹,肩胛骨贴地,展胸。

（2）伸长后颈部,下巴轻轻够前胸。

（3）吸气,用腹肌的力量将头向上、前拉起。

（4）呼气,还原,头的移动依靠腹肌控制。

2. 桥式动作

（1）仰卧,两腿平行弯曲,两手体侧平放,手心朝下。

（2）吸气,肩膀朝肋骨方向下沉,背部挺直,腹肌收紧。

（3）呼气,骨盆抬起,与背脊中部平行。

（4）收紧腹肌、臀肌和脚筋,脚掌贴地。

3. 曲腹动作

（1）仰卧，两腿弯曲，与胯同宽；两手平放在地上，手心朝下。

（2）吸气，伸长后颈部，收腹，两手枕在脑后。

（3）吸气，两手扶头，同肩胛骨一起上翘；朝骨盆方向放松前部的肋骨和胸骨，两腿伸直；吸气，不动，骨盆中立，脊柱和脖颈伸直。

（4）呼气，还原到初始位置，收紧腹肌。

4. 伸腿动作

（1）仰卧，两腿与胯同宽，左腿弯曲，右腿伸直。

（2）腹肌收紧，骨盆保持中立，肩胛骨紧贴地面，胸部打开。

（3）吸气，右腿抬高，与骨盆成45°，骨盆中立，脊柱放松。

（4）呼气，右腿还原到初始位置。换左腿练习。

（二）普拉提组合动作健身

1. 肩桥上挺（图6-52）

（1）仰卧，屈膝，双足平放在地上，两臂体侧平放，脊柱中立。

（2）呼气，脊椎挺直上提，后背离地。

（3）吸气，缓慢而又有控制地下放。

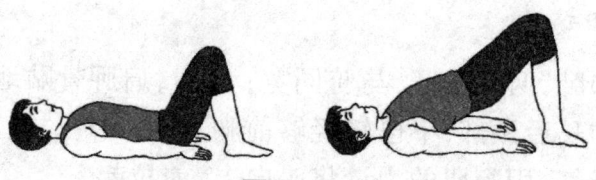

图6-52

2. 仰卧点地（图6-53）

（1）仰卧，双腿与髋同宽，抬高两腿，屈髋屈膝各90°，小腿与地面平行。

（2）吸气，一腿不动，缓慢下放另一腿至脚尖点地。

（3）呼气，收腹，引领收回下放腿。换另一侧腿下放。

图 6-53

3. 俯卧收腿（图 6-54）

（1）俯卧，屈肘支撑，肘在肩正下方。沉肩上抬头和躯干。

（2）吸气，屈右膝，脚后跟快速踢向臀部两次。换左腿踢臀。

图 6-54

4. 双腿向上（图 6-55）

（1）仰卧，两手头后交叉，头和上身抬离地面，并拢双腿上伸。

（2）吸气，收腹，背部贴地，慢慢下放两腿接近地面。

（3）呼气，收腹，双腿缓慢抬起还原至垂直位，反复练习。

图 6-55

5. 侧卧下腿上提（图 6-56）

（1）侧卧，屈髋，头靠在伸直的下侧手臂上，双腿向前与身体约成 30°角上下交叠。上侧腿屈膝将脚放在下侧腿前面，上侧手抓脚踝。

（2）呼气，下侧腿上抬，吸气，有控制地下放接近地面。

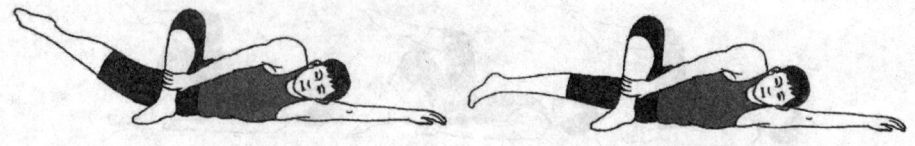

图 6-56

6. 侧卧下腿画圈（图 6-57）

（1）准备姿势同侧卧下腿上提。

（2）下侧腿向上抬高，划圈。吸气，向前上划半圈。呼气，向后下划半圈。

图 6-57

7. 侧卧曲分腿（图 6-58）

（1）侧卧，头枕在下侧手臂上方，另侧手放在胸腹前侧垫上，双腿并拢，屈膝。

（2）吸气，骨盆稳定，上侧腿膝盖打开。

（3）呼气，有控制地将双膝合拢。

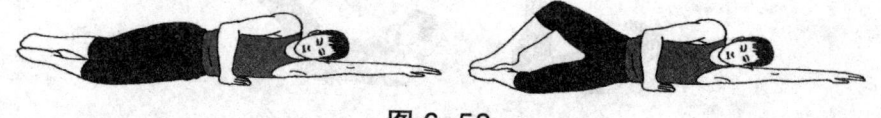

图 6-58

8. 海豹式（图 6-59）

（1）坐，双腿屈膝拉近身体，两脚足底相对内缘紧靠，膝外展，两手由内向外环握脚踝。在坐骨和尾骨间找到平衡，两脚离地。下巴靠近胸前，收腹，背成弧形。

（2）吸气，后滚到肩胛骨的上部，找到平衡点，两脚快速拍击3次。

（3）呼气，回滚到开始位置。并脚，保持平衡，控制片刻。

第六章 全民时尚操舞健身

图 6-59

9. 蛙泳式（图 6-60）

（1）俯卧，呼气，手臂向前延伸，稍屈肘，避免耸肩。

（2）吸气，打开两手，手心向后，如同蛙泳推水，头肩抬高，体会脊椎中轴延长。

（3）屈肘收拢，呼气，手臂再向前延伸，头部和身体向前延长放低，接近地面。

图 6-60

10. V 形滚动（图 6-61）

（1）坐姿，屈膝，双手握小腿靠近脚踝，膝外展、两脚并拢。身体后倾，团身，脚离地面，在坐骨和尾骨中间找到平衡。

（2）直膝，双腿外分，身体呈"V"形，保持平衡，挺胸直背，视线向前。

（3）吸气，收腹屈背团身，两腿呈"V"形打开，身体后滚。

（4）呼气，向前滚动回到"V"形坐姿的平衡点，再次伸直脊柱，挺胸、沉肩。

图 6-61

第七章 全民户外休闲健身

当前休闲社会下的全民健身推进,促进了广大人民群众的健康体育休闲观念和意识的形成,体育休闲健身作为一种健康的休闲方式深入人心并在人民群众的日常生活中占据着越来越重要的地位。户外休闲健身是在户外环境中开展的休闲健身运动,因在健身休闲的同时能与大自然亲密接触,越来越受到被城市生活束缚的现代人的喜爱,同时户外健身具有良好的运动环境,能收到比室内健身更好的健身与休闲效果,从而成为全民健身运动内容的首选。本章主要就在全民健身中广泛流行的、群众基础广泛的几个户外休闲健身运动项目的具体健身运动内容与方法进行详细阐释,以为健身运动爱好者科学参与户外休闲健身提供实践指导。

第一节 户外球类休闲健身

一、高尔夫

(一)健身特点

高尔夫运动是一项高雅的户外休闲健身球类运动,它在特定的人文与自然场地范围内,运动过程中,运动者在逐次的击球中伸展身体、展现技能,并在各个球洞往来之间走跑运动,同时欣赏着优美、广阔的高尔夫运动场地景色,可令身心得到有益发展。

（二）健身技术

1. 握杆

（1）重叠式：两手上下贴球杆握柄，两手相接部分小指、拇指手指重叠（图7-1）。

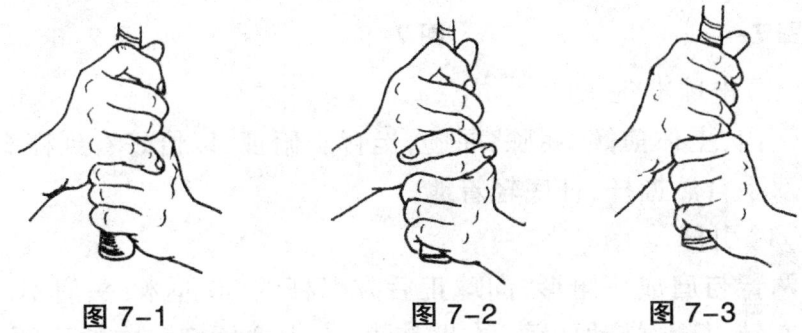

图7-1　　　　　图7-2　　　　　图7-3

（2）互锁式：左手贴球杆握柄，五指自然握紧；右手的小指插入左手食指与中指之间，与左手食指勾锁（图7-2）。

（3）十指法：两手掌相向，十指纵向排列依次握住球杆（图7-3）。

（4）V字形握法：左手拇指弯曲拉回，拇指腹压在握把正上方，拇指根稍内弯。食指与拇指呈V字形偏右方。右手掌与左手掌相对而握。

2. 击球

（1）选择脚位

准备击球时身体各部位应处的正确位置，即球员做好站位，运动者应结合自身击球特点和喜好选择脚位。

正脚位：自然站立，两脚之间连线与准备线、击球线路平行，腰、肩、手都与目标线成平行状态（图7-4）。

开脚位：左脚稍后于右脚站立，适用于短铁杆击高球或打右曲球的球手（图7-5）。

闭脚位：右脚略后于左脚站立，两脚尖之间连线朝向目标右侧，适用于木杆开球、球道击球或打左曲球的球手（图7-6）。

图 7-4　　　　　　　图 7-5　　　　　　　图 7-6

（2）击球准备

侧向，上体前倾，屈膝，屈髋，挺背。俯视，以恰好看到杆头为宜。双手自然握杆，杆底轻着地。

（3）引杆

两臂与肩成三角形，向球正后方引杆约 30 厘米，头肩不动；左肩右转，杆头带动两臂；左臂伸直，右上臂固定。右抬下颌，左肩旋至下颌下方，屈双肘；重心移至右脚外侧，上挥球杆到最高点时，背向目标。

（4）上挥杆

后摆杆的延续，上挥时，肩与两臂构成三角形，以杆头带动两臂及左肩向右转动，在两手到达右腰部高度时，左臂如同向右上方伸出一样继续上举，直腕（图 7-7）。

（5）下挥杆

左腿支撑，右腿蹬地送髋，借助臀部旋转带动手臂击球。球杆下挥至离球 30 厘米时，突然甩腕，使杆头力量通过球。

（6）顺摆与推杆

触球后，球杆随挥，头随转（图 7-8）。收杆动作是在击出的球落地后才结束的。这样整个击球动作就完成了。

第七章　全民户外休闲健身

图 7-7

图 7-8

二、沙滩排球

（一）健身特点

沙滩排球是在沙滩上开展的排球运动,运动员在跳起发球、扣球、拦网时的技术动作都与室内排球有着很大的差别。

就运动过程来说,沙地特殊的运动环境,可令运动者的肌肉感觉和神经系统更加灵敏,有助于提高运动者精细感觉的能力,且由于沙地的缓冲会降低运动速度和跳起高度,运动消耗更大、健身效果更加,同时有助于保护运动者摔倒的健身安全保护。

就运动环境来说,沙滩排球通常在海岸沙滩开展,运动者置身于蓝天、白云、大海等优美的自然环境中,可令人心旷神怡。

此外,阳光和沙滩作用于人体还有特殊的康体保健功效,具体如下。

（1）日光中的红外线可对皮肤起到加热的作用,使血管扩张,促进血液循环,从而改善皮肤的营养供应。

（2）紫外线可起到杀菌消炎的作用,能加速一些皮肤炎症的消除。

（3）夏日沙滩温度一般都在40℃以上,利用沙滩的热力作用,可流畅气血,舒展筋脉。

（4）沙滩中富含矿物质,它能够止痒,同时保持足部干燥,对足癣有良好的控制和治疗效果。

（5）参加沙滩排球运动的人能综合使用日光浴和沙滩浴促进血液循环,增强人体抵抗力。

（二）健身技术

1. 准备姿势

沙滩场地沙子松软、流动性大,如果重心过低,会使脚陷入流沙,造成起动和移动的困难,会大大影响起动和移动速度并容易滑倒,因此,多采用高重心的稍蹲和半蹲准备姿势(图7-9、图7-10)。

图 7-9　　　　　图 7-10

2. 移动技术

沙滩排球运动中的移动是通过各种步法来实现的,移动中身体保持较高的重心,快速移动。

(1)交叉步:以向右移动为例,上体稍右转,左脚向前右交叉迈出一步,右脚向右跨一大步,身体转向来球方向。由于沙地的特性,交叉步不宜过大。

(2)跨步:先向移动方向跨一大步,屈膝,上体前倾,重心移至跨出腿上,可向前、向侧或向侧前方。可单独使用,也可与其他步法结合使用。

(3)跑步:起动后快速移动双脚向目标方向移动,鉴于沙滩地面沙子的特殊性,沙上跑步比走步能更快地接近球和降低沙对脚的阻力。

3. 制动技术

(1)一步制动法:在移动的最后跨出一大步,降低重心,全脚掌蹬地以抵住身体继续移动的惯性力。

(2)两步制动法:以移动的倒数第二步开始做第一次制动,紧接着跨出最后一步做第二次制动。

4. 发球技术

(1) 正面下手发球

前后开立,屈膝,上体前倾,左手腹前持球。左手垂直上抛球,右臂伸直后摆,重心后移。以肩为轴,手臂由后经下方向前摆动,重心前移,在右肩的前下方腹前用全手掌击球的后下方(图7-11)。

图 7-11

(2) 正面上手发球

前后开立,左手腹前持球;发球时,左手(或双手)将球平稳抛至右肩前上方,右肘抬起并后引,肘与肩齐平,上体右转,抬头,挺胸,展腹,重心移至后脚;击球时,两脚用力蹬地,迅速左转体,含胸收腹,带动手臂向右肩前上方加速弧形挥动,以全手掌击球的后中下部。

(3) 上手发飘球

近似正面上手发球,但手对球的击球部位在侧面(图7-12)。

图 7-12

（4）跳发球

助跑跳起，击球时，伸展身体充分发力，加快发球的速度和增强发球力量（图7-13）。

图7-13

5.垫球技术

（1）正面双手垫球

半蹲姿势或稍蹲姿势站立，两手掌根相靠，手腕下压，两前臂外翻成一个平面。两臂夹紧前伸，插入球下；击球时，协调配合蹬地、提肩、顶肘、抬臂、压腕等动作，在腹前击球的后下部（图7-14）。

图7-14

（2）侧面双手垫球

以球飞向左侧为例，左脚左跨，右脚前脚掌内侧蹬地，左膝弯曲，两手臂夹紧向左伸出，右肩微向下倾斜，右转腰、上提左肩。两臂垫击球的后下部（图7-15）。

图 7-15

（3）单手垫球

以球飞向身体左侧为例，左脚跨步，上体左倾，左臂伸直，自左后方向前摆动，左手击球（图 7-16）。

图 7-16

（4）背垫

准确判断来球，迅速移动到位，背对来球方向，两前臂并拢，迅速插入球下部，蹬腿、抬头、挺胸、展腹后仰，直臂向后上方垫抬送球（图 7-17）。

图 7-17

6. 传球技术

（1）正面双手传球

正对来球，采用稍蹲准备姿势，上体稍挺，双手前伸举起，手腕后倾托球，根据同伴的站位、战术意图来选择传球的方向、力度、落点等（图7-18）。

图7-18

（2）侧向传球

侧对传球目标，准备姿势、手型及迎球动作同正面传球，但击球点应偏向传出方向一侧。迎球时，下肢蹬地使重心上展，上体和双臂向传球方向一侧伸展。异侧手臂动作的幅度要大些，伸展速度更快些，以双臂和上体侧屈的协调动作将球传出。

（3）背传

背对传球目标，看准来球，以双手从前向后托击和送球（图7-19）。

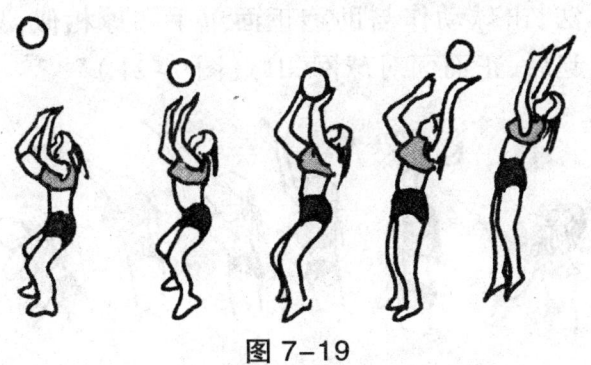

图7-19

7. 扣球技术

（1）助跑正面单手扣球

助跑过程中，身体前倾，重心下降，两膝弯曲，助跑结束时，手臂在后面处于最高位置。

起跳时，为免两脚深陷沙中，双脚蹬地，提臀，向上起跳，两臂用力上摆。

空中击球时，由于在沙面上起跳阻力大，故运动者滞空时间长，必须要充分挺胸、展腹，引臂动作幅度要小，动作要快捷。起跳后，上体右转（右手扣球者），右臂上抬，身体成反弓形。挥臂时，迅速转体，收腹发力，依次带动肩、肘、腕各部位关节成鞭打动作向前上方挥动，在手臂挥至右肩前上方最高点时击球（图7-20）。

图 7-20

（2）原地起跳正面单手扣球

起跳方法、击球动作与助跑正面单手扣球相似，只是没有助跑动作。跳起后，正面面对球网扣球（图7-21）。

图 7-21

(3)转腕扣球

击球前,突然转臂、转腕,击球时,右肩上提并稍向右转(右手扣球者),上体和头部向左偏斜,前臂向外转,手腕向右甩动,以全手掌击球的左侧上方(图7-22)。

图7-22

(4)转体扣球

以右手扣球者向左转体扣球为例,击球时,向左转体和收腹,带动手臂向左挥动,以全手掌击球的右上部,击球点保持在左侧前上方(图7-23)。

图7-23

8.拦网技术

平行站立,正对球网,起跳时,降低重心,屈膝、蹬地,两臂用力上摆,手触球时,手突然紧张,用力下压盖住球的上方(图7-24)。

图 7-24

第二节 户外山水休闲健身

一、登山

（一）健身特点

登山健身，专指攀登海拔低的山岭，与竞技登山有着质的区别，不具有冒险性，不是高海拔挑战性的群山攀登。

登山健身自古有之，在我国古代，登山是一项重要的百姓健身运动，并与民俗相结合，有登山望远、登高祈福等美好愿景。

当前，在全民健身背景下，登山与短距离徒步有效结合，在大城市的森林公园、市郊山体进行登山健身是许多现代人在周末和假期的健身出行方式，既锻炼了身体又欣赏了美景，健身健心相得益彰。

（二）健身技术

1. 上山

（1）登陡坡

陡山行进，切忌直线登高，山坡坡度大于30°，可之字形盘旋攀登行进。如果路线足够宽，可蛇行蜿蜒而上，山越高越陡，越应如此。如果山路太窄,应减速缓慢通过。

（2）登缓坡

山坡坡度在30°以下,可直线攀登,身体前倾,全脚掌着地,屈膝,两脚呈八字,迈步不要过大过快。

2. 下山

（1）下坡度小于30°的山坡

屈膝、放松膝关节,脚跟先着地,重心先放在两脚跟上,然后过渡到全脚掌,将整个身体的重量压在脚上,步子小而有弹性。

（2）下坡度大于30°的山坡

采用"之"字形路线斜着下山。内侧脚用脚掌和脚外侧蹬地,外侧脚用脚跟和脚内侧蹬地;身体向内向后倾斜,保持身体平衡。

3. 山脉行走

沿着山脉棱线行进,山势和路况比较复杂或登山者有足够的登山经验可从溪谷攀登没有小径的岩壁,以达山顶。

面对复杂山势,山的棱线形态多样,应该根据登山经验来确定登山方法,并注意在登山过程中根据实际情况适当调整步行方法。

4. 攀登冰川和雪坡

雪天和下雪后登山健身,边登山边赏雪景,别有一番风味,但应注意登山安全。

具体来说,攀登冰川和雪坡时,鞋尖部分沿水平线垂直方向用力踢入冰雪面,重心随脚的左、右倒换。踢入冰雪面时,用力踢,使鞋底的二分之一没入冰雪层,注意上行步幅要小(图7-25)。在雪坡上行走,靠雪坡一侧的脚一定要紧贴坡面水平用力踢,使脚切入冰雪面,使踩踏牢固。

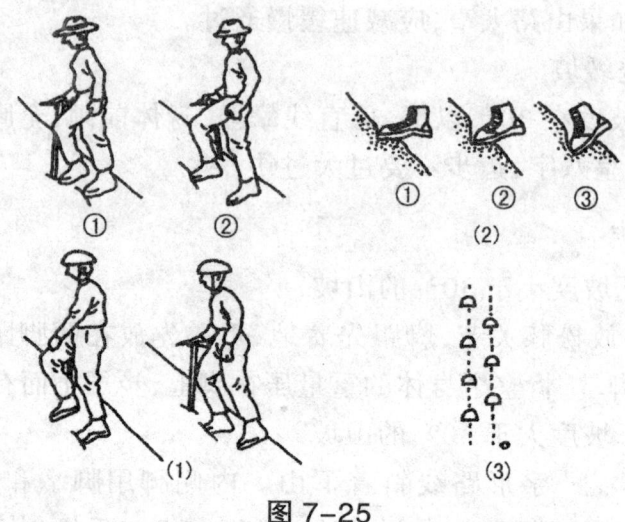

图 7-25

5. 休息

登山过程中,如果感觉到疲惫,可进行短暂休息,休息时不要轻易坐下,也不必解下身上的背包,只需手拄登山杖、弯曲上身,将上体重量移到登山杖上,使肩部和腰部得到暂时的放松即可。

如果根据实际情况确定坐下休息,一定要在臀部下垫上防潮物品,避免地上潮气入侵身体。如果需要摄入食物补充能量,注意饮食后随身带走垃圾,以免污染环境。

二、山地自行车

(一)健身特点

自行车运动都不陌生,在全民健身时代和提倡"绿色出行"时代,自行车骑行成为一项重要的交通出行方式和健身方式,为人民群众的日常生活和健身提供了许多便利。

山地自行车是在山地环境中进行的自行车骑行运动,和公路自行车相比,山地自行车的运动负荷更大、运动环境更复杂、健身效果更好。

（二）健身技术

1. 身体姿势

（1）上体前俯，头部稍倾斜前伸；双臂自然弯曲，腰部弓曲，降低重心防震缓冲。

（2）双手轻而有力地握把，臀部坐稳鞍座。

（3）双腿双脚用力交替踏蹬，并结合路况及时前后左右调整重心。

2. 踏蹬技巧

（1）车手能掌握最大限度地传送能量的踏蹬技巧，双脚做曲柄绕中轴转动，脚蹬随之进行环形运动。

（2）车手连贯地踩动脚蹬做环形运动，连续、平稳地把能量传送到动力传动系统。

3. 刹车技术

车手通过一两个手指操作刹车装置，锁住车轮，其他三个手指用于握住车把，控制自行车。一般来说，自行车的前闸刹车效果比后闸好。具体刹车技术应根据地形合理使用。

4. 变速技术

山地自行车骑行过程中，变速的时机为上坡、下坡、路面凹凸不平、逆风以及疲劳的时候，或踩踏感觉吃力时。

5. 坡路骑行技术

（1）上坡

坡短陡，骑行强度大时，车手要保持正确的骑车姿势，在助跑阶段积累足够的冲力，重心移到后轮上，前轮保持足够重量，根据自己的体力状况及时调整传动比，即调节蹬踏用力时省力的齿轮来保持车子能快速前进。

坡路较长或有陡坡时，可使用站立式骑行方法骑行通过。

（2）下坡

集中注意力，胆大心细，充分利用车子运动惯性滑行，降低并后移重心，直臂，上体前倾、下压使胸部降到鞍座的高度（图7-26）。

图 7-26

6. 弯道骑行技术

转弯前，用点刹控制车速，进入弯道后将闸放开，转弯时，上体和车子保持一条直线，向里倾斜以克服离心力，倾斜角度根据速度和弯道大小而定，一般不超过28°（图7-27）。

图 7-27

7. 跨越障碍技术

（1）跳跃

①齐足跳

碰到障碍物之前，上身伸直，四肢微曲，成蜷缩、下蹲姿势；距障碍物约50厘米时，向下按压自行车前部，双腿向下用力的同时手臂用力上拉，身体向上，把车抬起越过障碍物；前轮离开障碍物后，扭动车把，双脚向后、向上猛拉，后轮离地，沿前轮轨迹前滑（图 7-28）。

图 7-28

②借斜坡跳

目视前方，看清障碍物，重心放低，四肢微曲，成蜷缩、下蹲姿势；碰到障碍物时，自行车会被弹起来，车手借助上弹力量站起，后移重心，使鞍座朝着自己的腹部移动。当人、车同时弹入空中后，再向下按压自行车；先让后轮着地，再让前轮着地，车手重心随之下降（图 7-29）。

图 7-29

（2）过"坎"

①前轮触地过"坎"

低速靠近"坎"，当前轮抵达斜坡边界处时，重心后移，离开鞍座,让自行车从障碍物边缘滚过去;过"坎"后,上身及双腿伸开,微曲,轻按后闸,重心后移,增加摩擦;坡度平缓后,重心前移,回到鞍座上(图7-30)。

图7-30

②前轮离地过"坎"

靠近"坎"边缘时,速度适中,重心后移,后拉车把,用力踩脚蹬,站立,使自行车前轮离开地面,前轮略高于后轮通过"坎",过坎后,重心前移继续骑行(图7-31)。

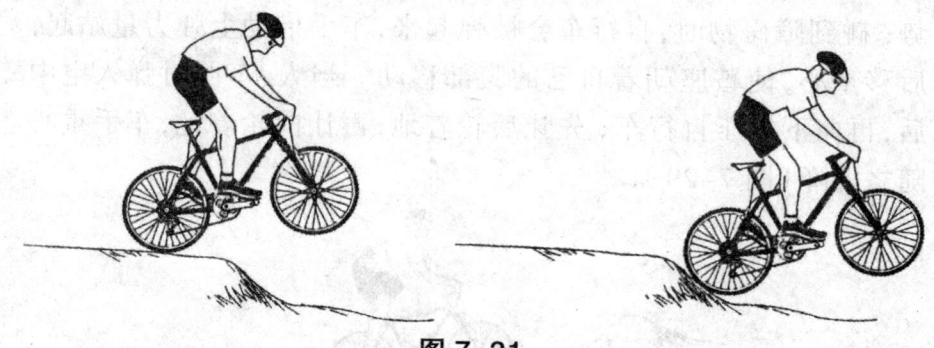

图7-31

(3)过石块、圆木

前轮要碰到障碍物时,向上猛拉车把,使前轮抬起爬上圆木和石头边缘;前轮安全地落在圆木上面时,重心前移,保持前冲力,卸后轮负重;继续踏蹬,让后轮爬到障碍物顶部并通过后,继续骑行(图7-32)。

图 7-32

(4) 过沟壑

①遇到小沟,直接跳过去。

②遇到宽沟,从沟底骑过去。前轮碰到沟边时,重心后移,推前轮下到沟内,到了对面的斜坡时,再提起前轮从沟中冲出,重心前移时,继续蹬踏(图 7-33)。

图 7-33

三、攀岩

（一）健身特点

攀岩运动是一项年轻人比较喜欢的户外休闲运动，攀岩运动集健身、娱乐和竞技于一体，对运动者的整体身体素质要求较高，攀岩运动具有一定的挑战性，符合青年人的朝气蓬勃与勇敢冒险心理，不仅是一种身体上的挑战，也是一种心理上的挑战。

攀岩有健身和竞技之分，竞技攀岩讲究技术难度和自然峭壁的攀岩难度，健身性攀岩则是低技术难度的攀岩，并且有专业技术人员的陪同和指导。所选择的峭壁也大多为安全系数较高、攀岩难度不大，又能让初学者体会到攀岩的挑战与乐趣的岩壁。

（二）健身技术

攀岩技术内容丰富，对于一般大众而言，初次实地体验攀岩运动，应掌握以下基本技术动作。

1. 手部技术

在攀岩运动中，所使用到的手部动作有很多，针对不同支点，攀的方法不同。常用手部技术有如下几种。

（1）抓握：用手抓住凸起部分。

（2）拉：抓前上方牢固支点，小臂贴岩壁，抠岩壁缝隙，以手臂力量拉动身体移动。

（3）张：手伸进缝隙，以缝隙为支点，手掌或手指屈曲张开发力，移动身体。

（4）推：利用手臂对岩体或物体的推撑移动身体。

（5）抠：用手抠住岩石的棱角、缝隙或边缘。

（6）反扣：利用手与手、手与脚之间的反作用力支撑身体。

2. 脚步技术

（1）踩、踏：利用脚前部下踏较大的支点支撑发力。

（2）蹬：用前脚掌内侧或脚趾的蹬力支撑身体。

（3）跨：利用自身的柔韧性接触新的支点。

（4）挂：用脚尖或脚跟挂住岩石，支撑和移动身体。

（5）钩：用脚的后跟部位钩住支点。多用在岩壁的翻出部位上。

需要特别提出的是，运动者在户外真实的岩壁进行攀岩，有很多不确定因素（如天气、阳光、风、岩壁情况），一定要在教练员的指导下做好安全措施，一个支点一个支点地缓慢移动，不要贸然擅自行进。

四、漂流

（一）健身特点

漂流运动起源于爱斯基摩人的皮船和中国的竹木筏，之后逐渐发展成为一项户外探险运动。漂流过程中，运动者乘坐一只小皮筏艇，顺着汹涌的急流沿着河道而下，可以充分感受到惊险与刺激。

目前，漂流运动走进大众健身视野，主要是在各景区水域开展，设有专门用于漂流的河道，并在各漂流船上配备有安全技术指导员，无漂流经验者以"船客"身份体验漂流的整个全程。抑或在指定安全区域，通过团队协作方式渡过漂流区。

（二）健身技术

在漂流运动中，河道通常是自然河道，即使是人工改良后的河道，也是依附自然环境改造的，会有很多不确定的水情出现，漂流者应熟悉掌握一些漂流技术和应急预案，以便顺利通过河道并确保自身安全。

1. 读河技术

（1）激流

①激流通道：河水以不同的大小沿多条通道通行。

②舌状潮水：激流开端是平稳而快速流动的水，呈倒"V"形。

③排浪：快速流动的潮水突然变缓形成一系列大而持续的波浪，排浪多为水最深的通道。

（2）河道弯曲

在河道拐弯处，受离心力牵引，水会在外环线堆积，并在内环线堆积流速较慢较浅的水，外环线通道最深、流速最快。

（3）间断

河道中，连续的波浪突然间断，可形成对漂流艇的一个打击力量，会使漂流艇如同被推或撞了一下。

（4）逆流

逆流通常是由于部分河水在某一区段摆脱主流，逆向流动，形成一股与主流方向相反的猛烈的水流，在漂流中是最危险的水流。

（5）直立浪

河水流进过程中，当流速快的水流遇到流速慢的水流，水流量无法及时排走，多个水浪相叠摞形成直立浪。直立浪多为冲天大浪，通过时注意观察，如果直立浪很高但坡度平缓，应让船头对准浪尖，直接骑过去或从陡浪边缘通过。

（6）倒卷浪

倒卷浪多见于隐秘水下的礁石的下游位置，大的倒卷浪会形成"水洞"，可将漂流船吸住，有翻船危险，应尽量避开或从边缘通过。

2. 操桨技术

（1）前进与后退

正对或背对前进方向，向前侧身，手臂打直，把桨伸到水里，全力把桨往回拉或前推，用力方向与桨对水的作用力相反、水的反作用力与推动艇筏前进方向一致。

(2) 改变方向

对于手握两桨的船员来说,调转船方向时,应在一支桨划动时,另一支桨在水面,让船产生一些后退运动从而转变方向。双桨转动时,用一支桨推动时,同时拉动另一支桨,双手反向运动,使船快速转动方向。

(3) 避开障碍

漂流过程中,注意观察前方水情,确定漂流船行进方向的水的流向,如果行进前方出现障碍物,可考虑使船偏离水流方向绕开障碍物,及时调转船向,让船左右转动以便与水流成一个角度,转向时应注意平滑拉动,持续操桨,切忌急转以免使漂流船失去重心(这就更加说明提前观察判断水情的重要性),让漂流船及早避开障碍物或从侧面滑过障碍。

3. 处理险情

(1) 游过激流

①平静面对。调整心态,积极避开岩石。

②屏住呼吸。冲入大浪前先深呼吸,冲过急流后调整呼吸。

③远离船边。漂流船冲过激流时,避免靠船边太近,以免漂流船的重心不稳侧翻或身体被甩出碰到岩石、跌落入水。

④举桨求救。"一把竖直举起的桨"是漂流求救的信号。

⑤注意保暖。漂流中防止衣服和身体被水打湿,避免体温过低,注意保暖。

(2) 陷入漩涡

①陷入漩涡后,寻找漩涡下层及漩涡的旁侧与主流方向一致的水流,顺流冲出漩涡。

②必要时,可弃船上岸,用绳子把船从漩涡中拖出。

(3) 碰撞岩石

①掉转船头,绕开岩石。

②无法避开岩石时,应选择让船头部位撞上岩石,可使船体

受阻减速,重新出发。

③船上人员集中于一侧,改变漂流船的重心,让船顺流绕开岩石。但应避免漂流船重心不稳倾覆。

(4)倾覆

①落水后,保持镇定,避免撞击到障碍物上,尽量浮在水面上或上岸避开急流水域。

②人员安全是第一位的,可弃船。

③如果有人落水,漂流船上的同伴可伸出划桨让落水者攀抓;如果落水者离漂流船较远,落水者可游泳至附近岸上或停留在石头的背水面等待救援。

五、潜水

(一)健身特点

潜水运动是在自然水域的水下开展的搜救、捕捞、探险及各种水下作业,后发展成为一项重要的户外休闲运动。

休闲健身性潜水运动,是与路上运动完全不同的运动环境,可以带给运动者完全不同的运动体验。特殊的水下环境不仅对运动者的皮肤、心肺、感官、空间判断等有特殊的运动要求和锻炼价值,运动者还能在水下观察到别致的水下景色,潜水运动对身心都具有良好的健康促进作用。

近几年来,随着人们生活水平的提高、休闲意识的增强、闲暇时间的增多,潜水活动也按照潜水爱好者不同的潜水目的而发展成多种形式。常见潜水运动有浮潜和给气潜水两种类型。浮潜不借助任何设备,在水下浅水层进行潜水;给气潜水多为潜水者携带气瓶下潜,即水肺潜水。

(二)健身技术

1. 入水

潜水时,潜水者可以采取多种姿势入水,具体应根据自身情况和水域情况而定,入水的各种姿势需要潜水者灵活掌握。常用的主要有以下几种。

(1)正面直立跳水时,水深需在1.5米以上,双脚前后开立,一手按住面罩,一手按空气筒背带。

(2)背向坐姿入水时,面向里坐于船帮上,向后仰面入水。

(3)正面坐姿入水,可供游泳初学者使用。

(4)侧身入水,在橡皮艇上浮卧滚身入水。

2. 潜降

目前,BC(浮力调解器)法是潜水者潜降时的常用方法,此方法根据是否配合使用浮力调节器可细分为以下两种方法。

(1)使用浮力调节器并配合配重带,头上脚下地进行潜降。

(1)不用浮力调解器时,头下脚上。

3. 上升

(1)合理的上升速度控制在每分钟18米以内,不要超过自己呼出的气泡的上升速度。

(2)上升过程中应始终保持呼吸不要停止。

(3)上升过程中时刻注意背后,身体缓缓自转。

4. 水肺潜水

为了能较长时间地在水下作业,需要携带装有空气的气瓶潜入水里,这种潜水方式就是水肺潜水。常有人误以为潜水者携带的气瓶为氧气瓶,其实是填充了压缩空气的气瓶,潜水者吸的是气瓶内的空气。

水肺潜水应注意以下几点。

（1）入水之前，潜水者需要进行必要的知识和技能培训，熟练掌握水下呼吸器、调节器等设备的使用方法，了解水下突发情况处理以及水下休息方法等。

（2）入水之前，认真检查装备，确保下水的安全。

（3）与人同行：至少两人做伴，两人从入水到上岸都必须在一起。水下时刻保持联系。

（4）教练不得允许同伴自行上岸。

（5）初次潜水者或潜水时间不长的人，应掌握调节耳压的方法，水的压力会使人的耳道感到不适，甚至疼痛。潜水者可用手捏住鼻子，用力向鼻腔内鼓气，使耳道内气压升高，以抵消水的压力，然后再下潜。耳内疼痛难忍，应立刻上浮。

（6）不适合潜水的病症。感冒、耳鼻疾病、心脏病、高（低）血压、糖尿病、神经过敏病。

（7）落单应急处理。保持镇静，浮上几米，寻找同伴；找不到时，就浮出水面；注意观察气泡。如果超过10分钟，仍无同伴的踪迹，应回到入水点，并求救。

5. 潜水手语

潜水运动中，潜水者应掌握多种潜水手语以便水下交流与沟通，常见潜水手语如图 7-34 所示。

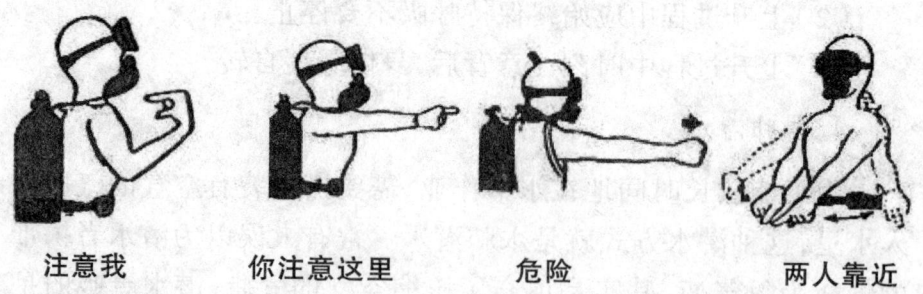

注意我　　　你注意这里　　　危险　　　两人靠近

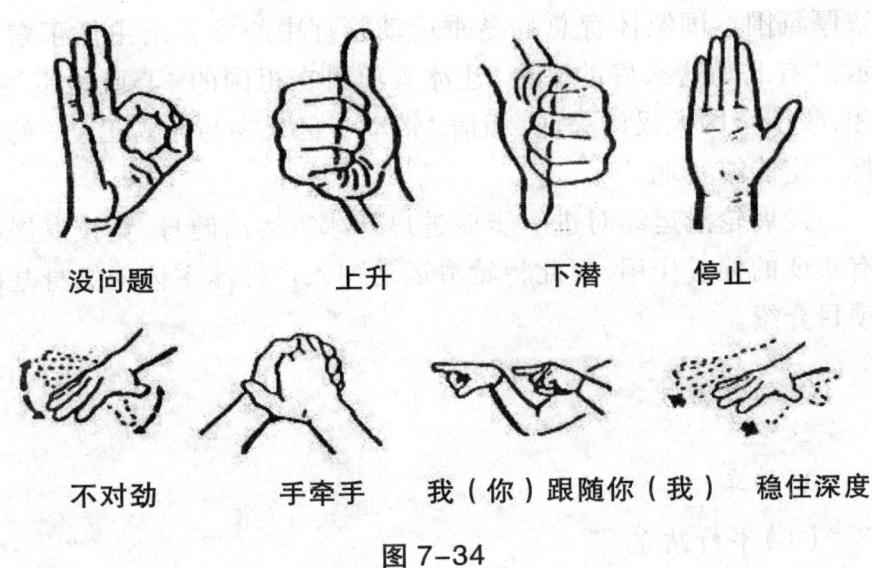

图 7-34

第三节　户外冰雪休闲健身

一、轮滑

（一）健身特点

轮滑运动，又称"滑旱冰"，集健身、竞技、娱乐、趣味、技巧、休闲于一身，是大众流行的休闲健身项目。

轮滑与户外冰雪休闲运动看似毫无关联，其实不然，轮滑运动不仅是大众户外广场、公园空地的重要群众性健身项目，还是冬奥会基础大项越野滑雪项目的陆地训练手段，随着冬奥会进入"北京周期"，在全民健身中推广展示轮滑运动、以宣传冬季运动和冬奥会，是轮滑所负担的大众健身、冰雪健身、冰雪竞技的重要责任。2018年9月16日，北京马拉松正式开跑前，主办方在起跑仪式现场设置越野滑雪夏季滑轮展示环节，"天安门前滑轮飞驰，长安街上冰雪拼搏"，进一步营造全社会关注支持冰雪运动的浓厚氛围。国家体育总局冬季运动管理中心常务副主任丁东表示,"有北马这么好的平台,让冰雪项目在祖国的'心脏地带'亮相,吸引全国人民的关注,相信'带动3亿人参与冰雪运动'的目标一定能够实现。"

发展轮滑运动对进一步促进户外冰雪运动健身、竞技发展均有重要的促进作用,因此将轮滑运动列入户外冰雪休闲健身基础项目介绍。

(二)健身技术

1. 站立

(1)平行站立

平行站立是轮滑的基本站立姿势之一,前脚向侧移,两脚平行站立与肩同宽,上体稍微前倾,两脚平行分开,与肩同宽(图7-35)。

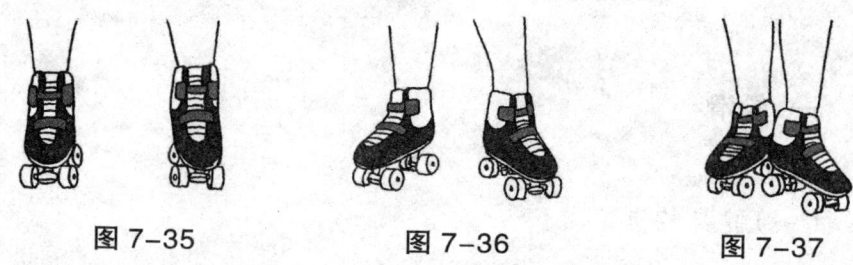

图 7-35　　　　图 7-36　　　　图 7-37

(2)"八"字站立

站立时两脚跟靠近,脚尖自然分开,上体稍前倾,双膝自然弯曲,两脚跟靠近,脚尖分开(图7-36)。

(3)"丁"字站立

初学者可先扶物成丁字步站立,前脚跟卡住后脚的脚弓,上体稍前倾,双膝自然弯曲。前脚跟卡住后脚的脚弓(图7-37)。

2. 移动重心

(1)原地移动重心

①原地左右移动:两脚平行站立,上体稍向一侧倾移,逐渐

将重心完全转移至一条腿上支撑,待稳定后再向另一侧移动。

②原地抬腿:两脚平行站立,上体稍前倾,重心移至左腿,右腿稍抬起、放下;然后以同样方法练习左腿。

③原地蹲起:两脚平行站立,做下蹲并站起的动作。可先做半蹲,逐渐加大下蹲的幅度,直至快速深蹲并做短时间的静蹲后再站起。

④两脚原地前后滑动:两脚平行站立,重心在两脚中间,两腿伸直,大腿发力前后滑动,两臂随其前后摆动;两脚滑动时,保持平行,两脚距离由小至大到相距1步大小时为止。

(2)外"八"字脚移动重心

两脚成外"八"字脚站立,重心移至左脚,右脚向前迈一小步,重心随之移至右脚上,左脚迈进一步,重心随之移至左腿。

(3)侧向移动重心

两脚平行站立,重心右移,随之左脚向左侧横跨一步,右脚迅速靠拢,再右侧继续迈进。

(4)横向交叉步移动重心

两脚平行站立,先将重心移至左腿上并继续向左移动稍超出左腿支撑点,收右腿,右腿向左腿前外侧迈步成双腿交叉姿势,重心随之移至右腿上,成右腿支撑重心,接着收左腿向侧跨一步,成开始姿势。

3. 滑行

(1)向前滑行

单脚滑行:以"T"形站立的准备姿势为例,屈膝,右脚内刃蹬地,左脚前滑;收右脚,在左脚侧面落地。两脚交替前滑。

前葫芦步滑行:双脚内刃站立,脚尖向外,屈膝,向前外滑出至最大弧线,迅速内收靠拢脚尖,连续反复分开—靠拢—前滑(图7-38)。

图 7-38

双脚滑行：双脚前后或左右开立，滑行时，右脚内刃向侧后方蹬地，收回与左脚平行滑进；两脚交替，蹬地—并行—前滑。

（2）向后滑行

向后葫芦滑行：两脚内刃向前蹬地，脚跟分开，向后外滑至最大弧线时，收拢，直膝。反复蹬地后滑。

向后蛇形滑行：两脚分开，双腿曲，右脚内刃向前下方蹬地，左脚后滑；右腿伸直，右脚放在左脚侧面。反复蹬地后滑。

单脚后滑：以左腿支撑为例，滑行时，屈膝，单脚踩平刃，抬右腿，置于斜后方，身体前倾，身体后滑。反复蹬地后滑。

4. 停止

（1）"T"字停止：浮足在滑行脚的后跟处成"T"字，以内侧轮慢慢压紧地面减速停止（图 7-39）。

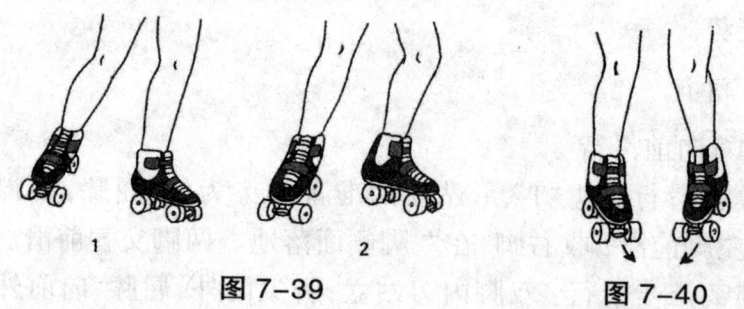

图 7-39　　　　　　图 7-40

（2）内"八"字停止：屈膝，上体前倾、下蹲，脚尖内转，两脚以内侧轮压紧地面减速停止（图 7-40）。

（3）双脚急停法：两脚同时顺时针急转，左脚内刃、右脚外刃压地减速停止。

二、滑冰

滑冰运动是重要的冰雪运动之一,集竞技性、健身性、趣味性于一体,是竞技体育运动的重要竞赛项目,也是大众娱乐休闲的重要健身项目。

滑冰运动在我国古代被称为"冰嬉",在漫长的历史中形成了各种冰雪活动的风俗与传统。西方现代冰雪运动传入我国以后,与我国传统冰雪活动有机融合,形成了具有地域特色和民族特色的冰雪文化活动。

近年来我国非常重视冰上运动的发展,2008年夏季奥运会的举办使得更多西方竞技体育运动走进大众健身视野,极大地普及了夏季运动项目在我国全民健身中的发展,为发展我国冰雪运动,我国积极申办、筹备2022年北京—张家口冬季运动会,以此来促进我国冰雪竞技与健身运动的发展,力争实现"带动3亿多人参加冰雪运动"的目标。在我国,北方城市积极利用本地资源大力推广冰雪运动健身。如素有冰城之称的哈尔滨每年都要举办"中国哈尔滨国际冰雪节",目前已经发展成为"世界四大冰雪节"之一,影响力广泛;我国西北地区也因地制宜地纷纷打造出陕西铜川"玉华宫冰雪节",甘肃"兰州欢乐冰雪节"、青海"金银滩冰雪狂欢节"等地方特色冰雪活动品牌;我国南方地区不甘落后,结合各项冰雪竞赛项目发展群众性冰雪运动,如四川地区在"龙池冰雪节""瓦屋山原始森林冰雪游""峨眉山冰雪节"的基础上,成立"四川南国国际冰雪节",每年都会吸引大量的游客和冰雪运动爱好者。

随着全民健身的普及和社会大众对体育健身的追求和渴望与大自然的亲近,近两年,冰雪健身人数逐渐增多,在冰雪方面的体育健身消费也呈现出逐年增长的趋势。冰雪运动健身成为冬日大众健身的一道亮丽风景。

在我国北方,冬日的公园户外水上冰场,随处可见滑冰嬉戏的男女老少,一些专业的冰场上,开展滑冰健身的运动爱好者也不在少数。滑冰类运动项目内容丰富、种类多样,积极参与各项冰雪运动,不仅能够促进运动者身体的生长发育、增强体质,全面提高力量、速度、耐力、灵敏性等身体素质,还有助于促进运动者形成良好的性格、品格,有利于运动者的良好意志品质的培养。

（一）速度滑冰

速度滑冰历史悠久,是所有冰上运动的雏形。我国的《宋史》记载:皇帝"幸后苑,观冰嬉"。"冰嬉"即滑冰运动。现代速度滑冰运动是在13世纪的荷兰逐渐发展起来的,目前是奥运会的常规比赛项目。

速度滑冰基本技术如下。

1. 起跑

（1）起跑姿势

①正面点冰式起跑：前脚冰刀与起跑线约成45°角,刀尖切入冰面,刀跟抬起保持稳定；两刀开角约90°～120°,后刀刃咬住冰面；上体直立,两臂自然下垂,目视前方；屈膝屈髋,重心移至前脚冰刀；肩位于前膝上方；头部与身体成直线,目视前方；后臂微屈肘并后举与肩齐平,前臂屈肘约成90°角,两手半握。

②丁字式起跑：与点冰式起跑基本相同,区别在于两冰刀是以平刃在冰上支撑站立,重心位于两冰刀中间,体重较均匀地置于两腿；"预备"势时重心略有前移,但不能将体重大部分移至前脚冰刀,以免冰刀滑动。

（2）起动技术

起动时,迅速向前上摆动浮腿,重心前移,成前冲姿势,两腿用力蹬冰,浮脚冰刀无须做外转动作。

2. 直道滑跑

（1）滑跑姿势：上体前倾,与冰面形成10°～25°角,团身,两肩下垂,抬头;大腿深屈,重心线从后背下部穿过大腿,经过膝盖后与脚的中后部相接(图7-41)。

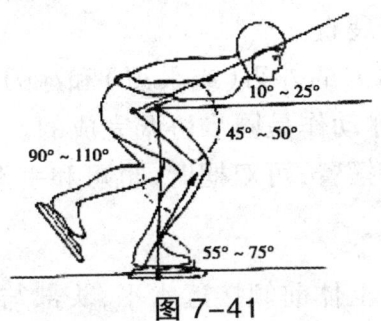

图7-41

（2）自由滑行：支撑腿冰刀由外刃过渡到平刃支撑；鼻、膝、刀成三点一线的滑行姿势；重心放在冰刀中后部上方；两肩平稳,上体前倾(图7-42)。

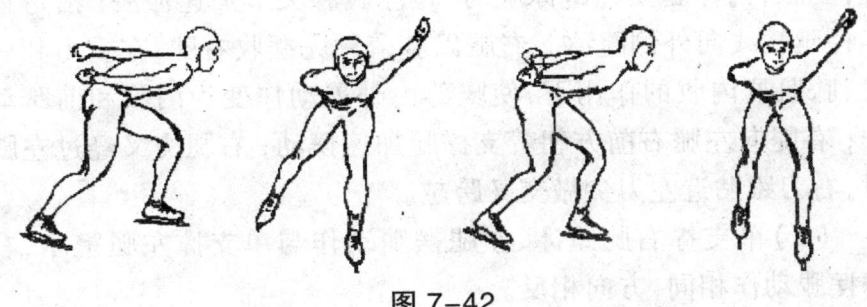

图7-42

（3）收腿：利用蹬冰结束的反弹力及内收肌群收缩,抬冰刀,收腿还原。

（4）单支撑蹬冰：以内刃切入冰面,刀尖指向滑行方向,形成牢固的支点并随重心横向移动,将全身力量集中地作用到冰面,向侧推蹬产生推进力。浮腿加速向前侧摆动,重心移动和蹬冰腿做加速展腿的协调配合。

（5）摆腿：浮腿从后位的矢状面摆向重心移动方向；领膝,大腿带动小腿摆向重心移动方向(前侧方)；大腿前摆置于胸下,使膝部由下垂状态向前上抬起贴近支撑腿膝部；摆腿动作快结束时,两腿、两刀尽量靠近,浮脚冰刀放于支撑脚刀前面,刀后部着冰。

（6）双支撑蹬冰技术：浮腿冰刀着冰后，缩小蹬冰角，刀尖指向滑行方向；蹬冰腿肌肉发力延长蹬冰距离，蹬冰结束时蹬冰力量最大，蹬冰腿充分展直。

（7）着冰：以冰刀的外刃（或平刃）和冰刀的后半部着冰，着冰动作与双支撑蹬冰动作是同步协调完成的。

（8）摆臂：可单摆臂，可双摆臂，也可和手滑行（不摆臂）。

3. 弯道滑跑

（1）滑跑姿势：上体前倾接近水平，头部与身体成直线，两肩平稳，处于半径延长线的平行位置；臀部与冰面平行。

（2）单支撑左腿蹬冰、右腿摆腿：两肩、臀部与冰面平行；大腿和膝部位于胸下，并以左刀外刃牢固咬住冰面；展腿时，先展髋，压膝，当浮腿摆经蹬冰腿时，蹬冰腿膝关节加速伸展；沿弯道半径延长线向外侧蹬冰。右腿以膝盖领先摆收右腿，在重力和屈髋、膝肌群内收的作用下，使腿部由外展动作变为内收和前跨动作；右腿向左腿右前方朝着支撑腿加速摆动；右腿交叉经过左腿时，右刀跟贴近左刀尖做交叉跨越。

（3）单支撑右腿蹬冰、左腿摆腿动作与单支撑左腿蹬冰、右腿摆腿动作相同，方向相反。

（4）双支撑左腿蹬冰、右脚着冰：将蹬冰刀控制在臀下，用刀刃中部做快速向侧推蹬，蹬冰结束时，重心移向冰刀的前半部；右脚着冰点应在支撑脚冰刀左前方，刀尖抬起朝着切线方向，以刀跟内刃先着冰。

（6）双支撑右腿蹬冰、左脚着冰：与双支撑左腿蹬冰、右脚着冰动作相近、方向相反。

（二）花样滑冰

花样滑冰包括单人花样滑冰、双人花样滑冰和冰上舞蹈，这里重点介绍单人花样滑冰技术。

1. 滑行

单脚向前滑行动作的准备姿势与双脚滑行相同,在蹬冰结束后保持重心不变和单脚向前滑行姿势,蹬冰脚放在滑脚后,换脚时,浮脚接近滑脚,两臂自然伸展。

前内刃弧线滑行时,以右脚滑前内弧线、左脚内刃蹬冰为例,右脚用内刃向前滑出,重心左倾,转体,右臂在前、左臂在后,面向滑行方向,右膝微曲,左脚蹬冰后沿滑线靠近滑脚前移至伸直,滑脚逐渐直膝,换脚时,右脚用内刃蹬冰,左脚内刃滑出。

后外刃弧线滑行时,肩臂平放,右脚后内刃蹬冰,右臂用力后摆,左臂在前。右脚蹬冰后放在滑脚前,左脚做后外刃弧线滑行,滑行到弧线一半时头向圆内,上体外转,浮脚靠近滑脚移向滑线前,再向右后外弧线滑行。

2. 旋转

以双脚直立交叉逆时针旋转(向左旋转)为例,起转后,左脚经右脚前方,顺旋转方向滑至右脚前外侧,用右后外刃和左前内刃成对称的双脚交叉旋转。

3. 跳跃

常与旋转结合,周数越多,难度越高。跳起后,注意收回四肢(加速转)、展四肢(减速转)、落冰时注意屈滑腿维持平衡。

4. 急停

用一脚外刃横向刮冰急停。

三、滑雪

滑雪健身的运动过程,是促进正确个性发展、吸收时代文化、培养人格素养的过程。

滑雪运动能够有效地提高运动者的力量素质、灵敏素质、协调能力以及肌肉的短期爆发力,还能够使运动者在提高自身运动能力与身体素质的同时,提高自身的心理素质水平。不同的滑雪运动爱好者可以根据自身需要灵活科学地选择不同形式的滑雪项目内容,在享受滑雪运动乐趣、趣味性的同时养成长期坚持体育锻炼的习惯。

我国地域辽阔、地理位置南北、东西跨度大,具有良好的冰雪体育资源。我国北方地区雪量大、雪期长、雪质好,长期以来,冰雪运动发展良好。同时,近年来,随着人工造雪技术的普及,在冬季,无论是否有雪,都可见天然雪场和人工雪场中滑雪的冰雪运动爱好者,不同健身者打雪仗热身、滑雪追逐、上坡、穿林、越野,享受滑雪运动的速度与激情,并产生对大自然的热爱和敬畏,增进健身意识和环保意识。

(一)越野滑雪

1. 蹬冰式滑行

(1)一步一撑滑行:双杖推撑,右脚蹬动,重心移至左板;左脚前滑,右脚蹬向左板靠拢;左脚再蹬动,撑杖。

(2)两步一撑滑行:右板向前滑进,内刃蹬动,重心移到左侧板前滑,两侧杖推撑,左杖推撑力更大些;左右反复进行。

2. 单蹬式滑行

滑雪者右腿雪板内刃向侧用力蹬动,两杖后撑;蹬动结束后,重心移向左侧板,双杖前摆;左板向前滑一段距离后,重心右倾,右板着地,再次蹬动,两杖前摆插地;右脚再次蹬动,两杖插入板尖两侧,反复进行。

3. 转弯滑行

身体向弯道圆心侧倾倒;内侧板沿弯道切线方向滑进,外侧板按弯道的法线方向向外侧快速蹬动,两侧板配合变换方向。

4. 登坡滑行

以两步一撑蹬冰式滑行为例,滑行板侧用力较大。插杖不对称;坡度较大时仅用于过渡,之后转入其他滑雪技术和姿势。

5. 滑降

越野滑雪板的雪鞋后跟部不固定在板上,速度快时不易控制,容易失去平衡。因此,在滑降时先控制速度再前滑。

(二)高山滑雪

1. 滑降技术

(1)直滑降:双板平行分开,重心居中,两脚用力;上体前倾,髋、膝、踝关节稍屈;两臂自然垂放,松肩屈肘,目视前方。

(2)犁式滑降:双屈膝内扣,重心居中,两脚跟外展,雪板成"八"字形;上体前倾,两手体侧自然握杖,后撑前滑,目视前方。

2. 转弯技术

可结合具体雪道情况和自身技术,选择以下技术进行转弯。

(1)犁式转弯:犁式滑降,重心向一侧板移动,自然转弯。

(2)双板平行转弯:保持滑行速度,重心向转弯内侧移,一板内刃、一板外刃蹬雪,滑入垂直落下线;继续屈膝、屈踝,重心移动结束后点杖开始,外、内板的体重比例为 7:3;利用蹬踏的反作用力与向内倾倒,斜上提重心;再次滑入向垂直落下线的方向,重心在转弯内侧、雪板紧抓地。

(3)跳跃转弯:借助雪包或自身力量跳起,空中改变雪板方向或变刃后着地,落地屈膝缓冲。

第八章　全民传统体育健身

全民健身作为一项国家战略进行推广和实施,是一项重要的惠民决策,关系到亿万人民群众的身体健康和幸福生活。我国历史悠久,体育文化和历史源远流长,自古以来我国人民群众都一直重视健身养生,在我国传统文化与民族发展史中产生并发展至今的民族传统体育,在促进我国人民世代健康发展方面发挥了重要的作用。我国民族传统体育健身内容与方法符合我国民众的健身思想、养生哲学观,在习练方法上也对我国民众的身体十分有益,是当前我国全民健身的重点推广内容。同时,新时期我国全民健身不仅在于提高国民体质,更在于实现中华民族伟大复兴的中国梦,民族传统体育的健身推广与普及可提升国民体育自信、文化自信、民族自信,更具有推广和参与价值。本章重点对我国典型民族传统体育健身内容与方法进行详细阐述,以加深民众对我国民族健身项目的深入了解与提供科学健身参与指导。

第一节　武术基础健身

一、武术基本功健身

（一）肩功

1. 压肩

开步站立,两手抓握前方肋木,上体前俯并做下振压肩;或两人面对面互相扶按肩部，做体前屈振动压肩（图8-1）。

图 8-1

2. 转肩

两脚开立，两手分开，于体前分别正握木棍两端，以肩关节为轴，两臂由体前经头顶绕至背后（图8-2）。

图 8-2

3. 臂绕环

以单臂绕环为例，左弓步，左手按左大腿，右臂上举，由上向后—下—前绕环一周，或右臂由上向前—下—后绕环一周（图8-3）。

图 8-3

(二)腿功

1. 压腿

结合肋木,身体正对、背对或侧对肋木,一腿脚跟放于肋木上,一腿支撑,身体向肋木屈,下振压腿。可分别进行正压腿、后压腿、侧压腿练习(图8-4)。

图8-4

2. 搬腿

一腿挺膝支撑,另一腿挺膝上举,同侧手握举腿的脚,异侧手抱支撑腿的膝部。可进行正搬腿、侧搬腿练习(图8-5)。

图8-5

3. 踢腿

侧立,侧手扶肋木,或正对肋木,双手扶肋木,一腿支撑,另一腿挺膝侧上踢、或前上踢、或后上踢练习(图8-6)。

图 8-6

(三)腰功

腰功练习旨在提高腰部运动的灵活性,主要有前俯腰、侧俯腰,后甩腰、后下腰等基本腰功练习方法(图 8-7)。

图 8-7

二、武术基本动作健身

(一)手型手法

拳:四指并拢卷握,拇指紧扣食指第二指节处,此手型称为拳(图 8-8)。

掌:掌是武术运动中的重要手型,五指伸直称为掌(图 8-9)。

勾:亦称勾手,五指撮在一起,腕关节弯曲称为勾(图 8-10)。

爪:五指或分开或并拢,指扣屈称为爪。

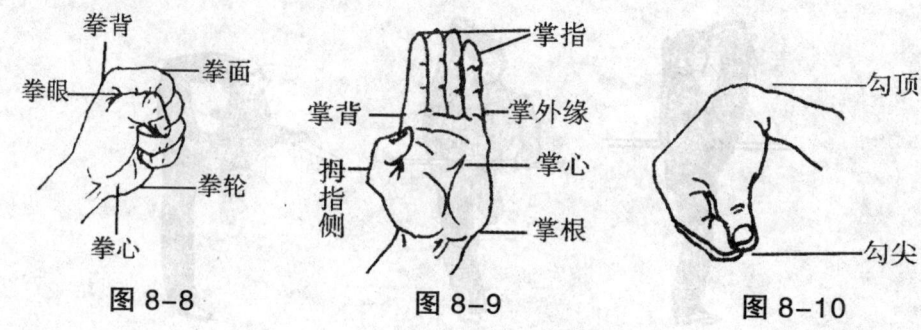

图 8-8　　　　　图 8-9　　　　　图 8-10

（二）步型步法

1. 弓步

以左弓步为例,并步直立,左脚向前迈一步,左腿屈膝半蹲至大腿接近水平,膝与脚尖垂直。右腿挺膝伸直,脚尖内扣并指向斜前方,全脚着地。

2. 马步

并步直立,两腿开立,下蹲,脚尖正对前方,屈膝半蹲至大腿接近水平,膝部不超过脚尖,全脚着地。

3. 虚步

以左虚步为例,前后开立,右脚外展45°,屈膝半蹲,左脚脚跟离地,脚面绷平,脚尖稍内扣,虚点地面,膝微屈,重心落于后腿上。

4. 仆步

以左仆步为例,左右开立,右腿屈膝全蹲,大小腿靠紧,臀部接近小腿,右脚全脚着地,脚尖和膝关节外展,左腿挺直平仆,脚尖里扣,全脚着地。

5. 歇步

以左歇步为例,两脚交叉靠拢全蹲,左脚全脚着地,脚尖外展,右脚前脚掌着地,膝部贴近左腿外侧,臀部坐于右腿的近脚跟处。

（三）腿部动作

1. 踢腿

踢腿是传统武术腿部动作的重要内容，可提高腿部的柔韧性和灵活性，练习时，两脚并立；两臂侧平举，两手成立掌或握拳；正踢腿时，一脚脚尖勾起向额前方猛踢；侧踢腿时，脚尖勾紧向左耳侧踢起（图8-11）。

图8-11

2. 外摆腿

两脚并立；两臂侧平举，右脚向右前方上半步，左脚脚尖勾紧，右上踢，经面前向左侧上方外摆，直腿落在右脚旁；目平视（图8-12）。

图8-12

3. 里合腿

两脚并立；两臂侧平举，右脚向右前方上半步，左脚脚尖勾起向里扣并向左上踢起,经面前向右侧上方直腿里合,落于右脚外侧,目平视(图8-13)。

图8-13

4. 侧踹腿

两脚并立,两手叉腰;两腿左右交叉,右腿在前,屈膝。右腿伸直支撑,左腿屈膝提起,左脚脚尖内扣,脚跟用力向左侧上方踹出,高与肩平,目视左侧(图8-14)。

图8-14

5. 劈腿

(1)竖叉:两腿前后分开成直线,左腿后侧着地,右腿内侧或前侧着地(图8-15)。

(2)横叉:两腿左右分开成直线,以两腿内侧着地(图8-16)。

图 8-15

图 8-16

(四)平衡动作

1. 前提膝平衡

以左腿前提膝平衡为例,并步站立,双手叉腰,左腿提起,右腿作支撑腿直立站稳;左腿在体前屈膝高提近胸,小腿斜垂里扣,脚面绷平内收(图 8-17)。

图 8-17

图 8-18

2. 扣腿平衡

以左腿扣腿平衡为例,支撑腿屈膝半蹲;另一腿屈膝外展,脚尖绷平或勾起,踝关节紧扣于支撑腿的膝后腘窝处(图 8-18)。

3. 燕式平衡

左腿作支撑腿直立站稳,上体前俯略高于水平;后举腿伸直,高于水平,双臂分别向两侧平展(图 8-19)。

图 8-19

图 8-20

4. 望月平衡

右腿作支撑腿伸直或稍屈站稳,上体前倾拧腰向支撑腿同侧方上翻,挺胸、塌腰,转头回视;另一腿在身后向支撑腿的同侧方上举,小腿屈收,脚面绷平,脚底朝上(图 8-20)。

5. 仰身平衡

右腿作支撑腿伸直或稍屈站稳,上体后仰接近水平;另一腿伸直向体前上方举出,双臂分别向两侧平展(图 8-21)。

图 8-21

第二节 太极养生项目健身

气功健身养生是我国传统体育运动,太极功法是健身养生的集大成者,全民健身背景下我国重视太极养生研究、健身活动开展、文化推广。为推动全国健身气功活动的普及和发展,我国积极开展全国健身气功站点骨干培训班,并充分利用口岸地域优势,加大宣传我国健身气功文化对外交流,促进了我国健身气功的健康持续发展。这里重点对我国健身气功中的太极养生健身项目的健身内容与方法进行详细阐述。

一、太极拳

以在大众中大力推广和普及的24式简化太极拳套路为例,具体健身内容如下。

(一)第一组

1.起势(图8-22)

两脚并拢,臂下垂;左开步,臂平举,屈膝下蹲;垂肘,目平视。

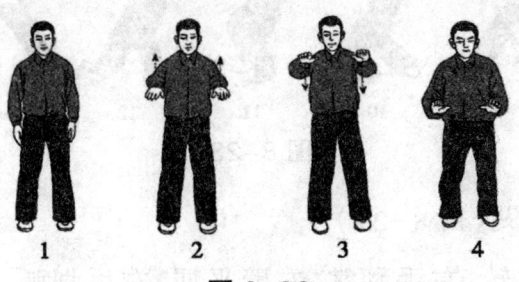

图8-22

2.左右野马分鬃(图8-23)

(1)上体微右转,右臂胸前平屈,左手划弧放右手下,两手心相对抱球;左脚收至右脚内侧。

(2)上体微左转,左脚迈出,手随转体左上、右下错开。

(3)上体左转,右脚跟蹬成左弓步;两手分开,肘微屈;右手落在右胯旁,目视左手。

(4)上体后坐,左脚尖翘起、外撇,两手准备抱球。

(5)左脚掌踏实,左腿前弓,左转,左手翻转向下,左臂收在胸前平屈,右手划弧放在左手下,两手抱球;右脚收到左脚内侧。

（6）上体微右转,右腿迈出,手随转体左下、右上慢慢错开。

（7）右弓步；上体右转,左右手左下、右上慢慢分开,肘微屈；左手落在左胯旁,目视右手。

（8）与（4）解同,唯左右相反。

（9）与（5）解同,唯左右相反。

（10）与（6）解同,唯左右相反。

（11）与（7）解同,唯左右相反。

图 8-23

3. 白鹤亮翅（图 8-24）

上体微左转,左手翻掌,左臂平屈,右手划弧,与左手相对。右脚跟进,上体后坐右转,左脚前移成左虚步；上体左转,两手左下、右上分开,目平视。

图 8-24

（二）第二组

1. 左右搂膝拗步（图 8-25）

（1）落右手，屈肘，左手由左下向上—右下划弧至右胸前；上体微左再右转；收左脚。

（2）上体左转，左脚前迈成左弓步；右手屈回由耳侧前推，左手向下由左膝前搂过落于左胯旁。

（3）屈右膝，上体后坐，左脚尖翘起外撇踏实，左腿前弓，左转体，收右脚，脚尖点地；左手翻掌划弧至左肩外侧；右手划弧落于左胸前，目视左手。

（4）与（2）解同，唯左右相反。

（5）与（3）解同，唯左右相反。

（6）与（2）解同。

图 8-25

2. 手挥琵琶（图 8-26）

右脚跟进，上体后坐，上体右转。左脚前移成左虚步，左手由左下向上挑举，屈臂；收右手；两手体前侧立掌；目视左手。

图 8-26

3. 左右倒卷肱（图 8-27）

（1）上体右转，右手翻掌划弧平举，左手翻掌向上。

（2）右臂屈肘，右手由耳侧向前推出，左臂屈肘后撤至左肋外侧；左腿提、退成右虚步，右脚扭正；目视右手。

（3）上体微左转，左手划弧平举，右手翻掌；目随体转视。

（4）（5）分别与（2）（3）解同，唯左右相反。

（6）（7）分别与（2）（3）解同。

（8）与（2）解同，唯左右相反。

图 8-27

（三）第三组

1. 左揽雀尾（图 8-28）

（1）上体左转，右手随转体划弧平举，目视左手。

（2）身体右转，左手翻掌划弧，右臂屈肘，两手抱球；左脚收至右脚内侧。

（3）上体左转，左脚左迈，右腿蹬成左弓步，左臂左前掤出，右手落于右胯旁，目视左前臂。

（4）身体左转，两手翻掌（左下右上）、下捋，上体右转，右手心向上，左臂平屈。

（5）身体左转，右臂屈肘折回，上体左转，双手挤出，左弓步。

（6）左手翻掌、右伸，两手左右分开；屈右膝，上体后坐，左脚尖翘；收肘。

（7）上式不停，两手按出，左腿弓成左弓步；目平视。

图 8-28

2. 右揽雀尾（图 8-29）

上体后坐右转，左脚尖里扣；右手划弧至左肋前；左臂平屈，双手抱球；收右脚，目视左手。

此后，动作同"左揽雀尾"（3）～（7）解，唯左右相反。

(四) 第四组

1. 单鞭（图 8-30）

（1）上体后坐，右脚尖里扣；上体左转，两手划弧至右臂平举,右手运至肋前。

（2）上体右转,并左脚；右手划弧变勾手,左手划弧停于右肩。

（3）上体左转,左脚迈成左弓步；左掌随转体前推,目视左手。

图 8-29

图 8-30

2. 云手（图 8-31）

（1）右转体,左脚尖里扣；左手划弧至右肩,右手松勾变掌。

（2）上体左转,左手脸前向左运转,右手腹前划弧至左肩,右脚靠近左脚,目视右手。

（3）上体右转,左手腹前划弧,右手向右翻转；左腿左跨步；目视左手。

（4）、（5）、（6）分别与（2）、（3）、（2）同解。

图 8-31

3. 单鞭（图 8-32）

（1）右手变勾手；左手划弧至右肩，左脚尖点地。

（2）上体左转，左脚迈成左弓步；上体左转，左掌翻转前推。

图 8-32

（五）第五组

1. 高探马（图 8-33）

（1）右脚跟进；右勾手变掌，两手心翻转向上，左脚跟离地。

（2）上体左转，右掌前推，左手收至左腰；左脚前移成左虚步。

2. 右蹬脚（图 8-34）

（1）左手前伸，两手交叉分开向下划弧；左脚进、右腿蹬成弓步。

（2）两手由外圈向里圈划弧，左脚靠拢，脚尖点地。

（3）两手划弧分开平举，右腿提起，右脚蹬出；目视右手。

图 8-33

图 8-34

3. 双峰贯耳（图 8-35）

（1）右腿收，平举；两手向下划弧落至右膝两侧。

（2）右脚落成右弓步，两手下落变拳，划弧至面前成钳形；两拳相对，目视右拳。

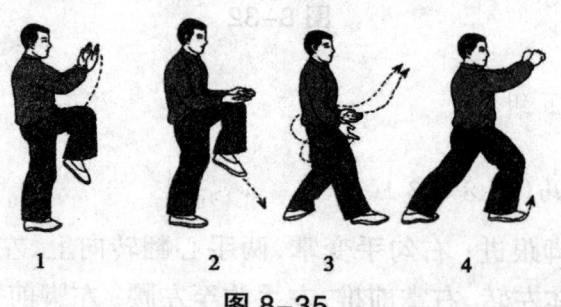

图 8-35

4. 转身左蹬脚（图 8-36）

（1）左腿屈，上体左转，右脚尖里扣；两拳变掌划弧分开平举。

（2）左脚收至右脚内侧，两手划弧合抱于胸前。

（3）两手划弧分开平举，左腿屈膝，左脚蹬出；目视左手。

图8-36

（六）第六组

1. 左下势独立（图8-37）

（1）收左腿平屈，右掌变勾手，左掌下落于右肩。

（2）右腿屈膝下蹲，左腿伸成左仆步；左手下落前穿。

（3）左腿前弓，右腿后蹬，上体左转起身；左臂立掌前伸。

（4）提右腿，成左独立式；右勾手变掌上挑，左手落于左胯旁，目视右手。

图8-37

2. 右下势独立（图8-38）

右脚下落于左脚前，左脚跟带动身体左转；左手向后平举变勾手，右掌随转体左划弧于左肩，目视左手。

此后，动作同"左下势独立"（2）～（4）解，唯左右相反。

（七）第七组

1. 左右穿梭（图8-39）

（1）左转体，左腿落地，右脚跟离地；两手左胸抱球；收右脚。

（2）右转体，迈右脚成右弓步；额前架右掌，左手左下前推出。

（3）右脚尖外撇，左脚跟前迈，两手胸前抱球。

（4）同（2）解，唯左右相反。

图 8-38

图 8-39

2. 海底针（图 8-40）

（1）右脚跟进，右脚举步；右手先落后提至耳旁，左手落至体前侧。

（2）左脚尖虚点地；右转体；右手由耳旁斜插，左手划弧落于左胯旁，目视前下方。

3. 闪通臂（图8-41）

（1）上体右转，左脚回收举步，两手上提。

（2）左脚前迈，两手分别向左前、右后分开。

（3）左腿屈膝弓步；右手右额前举，左手胸前推出，目视左手。

图 8-40

图 8-41

（八）第八组

1. 转身搬拦捶（图8-42）

（1）上体后坐，左脚尖里扣；右后转体，右手划弧至左肋，上举左掌。

（2）右转体，右拳撇出，落左手，右脚收再前迈。

（3）左腿前上步；左手划弧拦出，右拳划弧收腰旁。

（4）左腿弓步，右拳前打，左手附于右前臂内侧；目视右拳。

2. 如封似闭(图8-43)

(1)左手前伸,两手心翻转分开回收;左脚尖翘起。

(2)两手胸前翻掌,下经腹向上、前推出;左腿弓成左弓步。

图8-42

图8-43

3. 十字手(图8-44)

(1)后坐,左脚尖里扣,右转体;两臂侧平举;右脚外撇成右弓步。

(2)右脚尖里扣,收,开立;两手划弧胸前交叉合抱,成十字手。

图8-44

4. 收势(图8-45)

两手外翻,臂落至腹前;并步直立,落掌,目平视。

图 8-45

三、太极扇

太极扇,又称太极功夫扇,经常练习可以陶冶情操、强身健体,益寿延年。练习时右手执扇。

(一)第一段

(1)开步,两手环抱,扇骨竖直;分手划弧抱手;右脚开步,右手上举扇,左手下按掌;左转腰摆扇;虚步亮扇,抖腕合扇,收扇提脚;转身上步;弓步平刺(图8-46)。

图 8-46

(2)后移重心,扇横收胸前,扣右脚转身;弓步下刺扇;收脚绕扇;上步分手绕扇;独立撩扇(图8-47)。

图 8-47

（3）落脚盖步合扇，转身按扇；转身绕扇，弓步前劈扇（图8-48）。

图 8-48

（4）转身摆掌；上步翻腰抡扇；弓步压扇；翻手反压扇；虚步合扇；退步抡扇；反身穿刺，马步亮扇（图8-49）。

图 8-49

(二) 第二段

（1）右手合扇，左转，交叉臂；右转体成右弓步，两臂分开；右脚尖内，左转体，右手握扇划弧至右肩；左掌向右上经内侧穿出；收左脚并步；右手由下往上划弧，并步腰间抱拳，弓步直刺。

（2）收扇震脚；弓步推扇；转腰绕扇；分手绕扇；戳脚撩扇；合扇转身；盖步按扇（图8-50）。

图 8-50

(三) 第三段

(1) 左移重心,收右脚,脚尖点地;右手收腰间;左掌下落经胸前推出,两手交错合扇;马步推扇;左转提,左脚收至右脚内侧,点地,左脚迈成弓步平刺。

(2) 撤脚绕扇;上步绕扇;叉步反撩扇;转身挑扇;点步推掌;转身歇步抱扇;上步合扇分手;并步贯扇;摆扇穿手;云扇摆掌;侧弓步劈扇;分手摆扇;歇步亮扇;开扇托抱;合扇举抱 (图 8-51)。

图 8-51

(四) 第四段

同第二段动作。

（五）第五段

（1）马步，合扇，胸前交叉臂；马步顶肘；转身摆掌；提膝收扇；蹬脚推扇（图8-52）。

图8-52

（2）落脚合臂；插步展臂；插步抱扇；开步展臂；歇步亮扇（图8-53）。

图8-53

（3）转身穿扇；叉步抱扇；抱扇行步；抱扇行五步；转身合掌；开步合扇；两臂展开。

（六）第六段

（1）两臂前平举；屈蹲按扇；虚步棚扇；收脚抱手后转身上步；弓步棚扇；合手翻扇；后坐后捋，转身搭手；弓步前挤（图8-54）。

（2）后坐平云；转腰推扇；并步推扇、推掌（图8-55）。

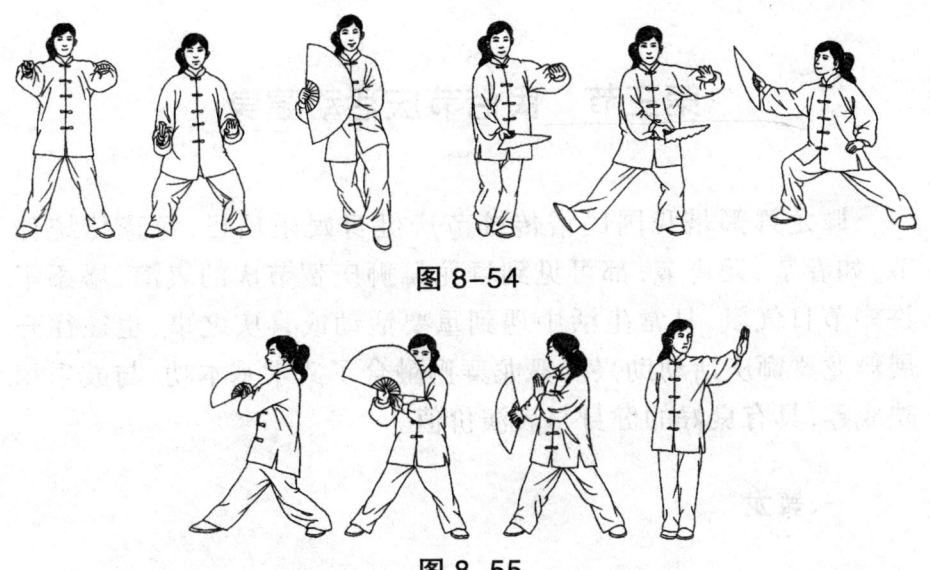

图 8-54

图 8-55

（3）摆掌合扇屈蹲；转身上步；弓步戳扇。

（4）转身勾手、扣脚；仆步穿扇、亮扇；弓腿举扇；转腰摆臂；屈臂收扇；架扇打拳（图 8-56）。

图 8-56

（5）转腰合扇；转腰分掌；虚步亮扇；抖腕合扇；收脚开步平举；并步抱扇；垂臂还原。

第三节　民俗节庆活动健身

舞龙舞狮是我国民俗传统节庆健身娱乐项目,每逢传统佳节,如春节、元宵节,都可见到舞龙舞狮庆贺节庆的表演,增添了许多节日气氛,日常生活中遇到重要活动或喜庆之事,也往往开展舞龙舞狮庆活动助兴。舞龙舞狮融合了武术基本功,与鼓乐相映成趣,具有良好的健身与表演价值。

一、舞龙

（一）基本握法

（1）正常位：双手持把,左（或右）臂肘微弯曲。手握于把位末端与胸平高,右（或左）臂伸直,手握于把的上端,把位与胸距离为一拳。

（2）滑把：一手握把端不动,另一手握把上下滑动。

（3）换把：结合滑把动作,在滑动手接近固定手位,双手转换,滑动手握把成固定手位,固定手位变成滑动手位。

（二）基本步形

（1）正步：两脚靠拢,脚尖对前方,重心在双脚上。

（2）虚丁步：（前点步）站丁字步,右（或左）脚顺脚尖方向伸出,绷脚点地,大腿外旋。

（3）横弓步：当弓步的上身左（或右）转与左（或右）脚尖同一方向。

（4）小八字步：两脚跟靠拢,脚尖分开,对左、右前角。

（5）大八字步：两脚跟间相距一脚半,其他同小八字步。

（三）基本步法

（1）踮步：以单碾步为例，小八字步站立，手握把位成上举姿势，右脚以脚掌为轴，脚跟微提起，左脚以脚跟为轴，脚掌微提起，两脚同时向右旁碾动，由正小八字步碾成反小八字步，然后右脚以脚跟为轴，左脚以脚掌为轴，同时，向右旁碾动，成正小八字步，依次反复进行。

（2）矮步：两腿半屈，勾脚尖迅速连续的以脚跟到脚尖滚动向前行进。

（3）弧行步：双腿微屈，两脚迅速连续向前行进，走弧形路线。目视龙体。

（4）圆场步：沿圆线行进，左脚上一步，脚跟靠在右脚尖前，脚跟先着地，再移至前脚掌，同时右脚跟提起。右脚做法同左脚，两脚动作保持在一条线上。

（四）跳跃翻腾

（1）旋子：并步站立，身体右转，左脚向左迈步；两手向右平摆。接着，上体前俯并向左后上方拧转，左腿屈膝，两臂随身体平摆，同时，右腿向后上方摆起，左腿蹬地伸直相继向后上方摆起，使身体在空中平旋一周，右脚、左脚依次落地。

（2）踺子：完成助跑、趋步后，上体侧转前压，两手体前依次撑地，两腿依次向后上蹬摆，倒立推地，并腿后踹。当前脚掌蹬地后，急速带臂，梗头向外转体90°并跳起。

（3）抢背：右脚在前，左脚在后，两脚交错站位。左脚从后向上摆起。右脚蹬地跳起，团身向前滚翻，两腿屈膝。

（4）后空翻：以站立姿势开始，两臂预先后摆，然后经下向前上方领，配合两腿屈膝后蹬地跳起。腾空后，提膝团身，抱腿向后翻转，至3/4周时，上举双臂，展体落地成站立。

（5）鲤鱼打挺：身体呈仰卧姿势。两腿伸直向上举起；两掌扶于两大腿上。接着，借助两手推力，两腿向前上方快速摆动，同时,挺胸、挺腹、头顶地。随两腿摆动惯性,身体腾空。落地站立。

二、舞狮

(一)基本握法

1. 狮头基本握法

舞狮头者两手紧握头圈嘴巴下摆的关节处,以便于控制嘴巴的张合。

2. 狮尾基本握法

(1)双手扶位:双手虎口朝上,大拇指插入狮头腰带,四指并拢握住扶拉狮头队员腰带。

(2)单手扶位:舞狮尾者单手扶拉狮头队员腰带,另一手扶拉狮被。

(3)脱手扶位:舞狮尾者双手松开狮头队员腰带,扶拉狮被两侧下摆。

(二)狮头基本手法

(1)点:舞狮头者双手扶头圈,身体向右侧回旋,与地面形成45°角,左右手的运动路线为上下交替运动,左、右侧动作相同,但方向相反。

(2)叼:舞狮头者一手扶头圈,另一手用小臂托头圈,手伸至狮嘴中央位置取绣球。

(3)摇:双手扶头圈,交替向前、向上、后、下做回旋动作。手的运动路线成立圆。

(4)摆:舞狮头者双手扶头圈,上左步时狮头摆至左侧,重心位于左腿上;左右动作相同,但方向相反。

(5)错:舞狮头者双手扶头圈,然后双手拉至狮头向右侧做预摆动作,右手与右腰侧同时腰、臂齐发力,摆至于身体左侧,呈半马步姿势,重心位于右腿上。

(三)舞狮基本步法

(1)颠步:狮头、狮尾队员按顺(或逆)时针方向跳步行进,狮头队员迈左脚时,狮尾队员迈右脚,步法要保持协调一致。

(2)盖步:狮头队员向右盖步,左脚经右脚前先向右跳扣步,同时右脚向右跳半步亮相,狮头队员与狮尾队员的动作相同;向左盖步,动作相同但方向相反。

(3)错步:狮头狮尾队员同时向身后45°斜后方向先左脚后右脚同时退步。

(4)行步:狮头、狮尾队员重心微蹲,迈步时狮头队员先迈左脚,狮尾队员同时迈右脚,节奏一致。

(5)碎步:狮头、狮尾队员同时向左(或右)小步平移,节奏快速、一致。

第四节　其他传统体育项目健身

一、风筝

风筝是我国民族传统体育运动,早期用于战争,后在民间流传,是百姓户外郊游休闲健身的重要活动,尤其深受青少年儿童的喜爱。

(一)放飞

大型风筝体积大,单人拿起困难,通常需要两人协作,一人拿住放飞线,另一人迎风站立,在来风之际,两人配合放手、提线,使风筝迎风飞起。

小型风筝携带方便,体积小,一人便可操控放飞,放飞风筝时,一手拿风筝,一手持线,来风时放飞。

（二）上升和操纵

1. 原地放风筝

民间放风筝多是分阶段使风筝上升，称作"采提之术"或"提带之法"。我国民间善放风筝者，把放风筝的经验总结为口诀："风筝下沉，则轻提之。风筝倾侧，则徐带之。风筝右偏，则右掖之。风筝左偏，则左掖之。"

2. 跑进中放风筝

一手持线，一手持轮。侧身跑，仔细观察风筝的飞行情况，如果上升快应放慢脚步；如果风筝上升慢，应增加跑速；如果风筝下跌，应及时地松线、停跑。

二、毽球

（一）踢毽

1. 正面脚内侧踢毽

左手把球垂直向上轻轻抛起，重心前移，右腿、髋、膝关节外翻，屈膝向前摆动，重心超过人体垂直面后，支撑脚向后蹬地，加速重心前移，右髋、膝关节猛力外翻，加力前推（图8-57）。

图 8-57

2. 正面脚外侧踢毽

前后开立,左脚在前,右脚前抛毽,右腿由后向前摆动,足踝内转,用脚外侧加力踢毽(图 8-58)。

图 8-58

3. 正面脚背踢毽

前后开立,左臂自然前伸,掌心托球于体前。踢毽时,左手把球垂直向上轻轻抛起,重心前移,右脚踝关节绷直,利用抬大腿、踢小腿的动作,抬脚用脚背正面食趾的跖趾关节处踢毽(图 8-59)。

图 8-59

4. 侧身脚背踢毽

两膝微屈,左臂自然前伸,左手把毽子垂直向上轻轻抛起,毽子约在右脚内侧体前 50 厘米处下落;重心前移,以支撑脚的前脚掌为轴向左转体,踢毽腿以髋关节为轴,大腿带动小腿由后向前摆动,脚背绷直,以脚背正面踢毽。

(二)传接毽

1. 膝盖传接毽

一腿支撑,另一腿以髋为轴,抬大腿屈膝上提,插于来毽子下方。在膝关节上部10厘米处将毽子接起(图8-60)。

2. 胸部传接毽

看准毽子,两脚前后(或左右)开立,屈膝,上体后仰,略含胸,收下巴,当毽子到胸前上方时,两腿后蹬,胸部上挺迎毽,使毽子在胸部弹起落于体前,再踢毽(图8-61)。

图 8-60

图 8-61

3. 肩部传接毽

两腿屈膝,重心下降,快速沉肩插到毽子下方,利用腿的蹬伸和耸肩动作将毽子垫落在身前(图8-62)。

4. 头部传接毽

目视来毽,双脚用力蹬地起跳,上体后仰,两臂张开,使身体腾空成反弓形,击毽刹那,快速收腹。上体前屈、甩头,将毽顶出(图 8-63)。

图 8-62　　　　图 8-63

参考文献

[1] 国家体育总局. 全民健身 国家战略 [M]. 北京：人民体育出版社, 2016.

[2] 张旭. 体育文化与全民健身 [M]. 长春：吉林文史出版社, 2017.

[3] 李相如. 全民健身研究新视点 [M]. 北京：北京体育大学出版社, 2008.

[4] 宋鑫, 肖林鹏, 郇昌店. 对我国青少年体质健康监测服务体系的调查研究 [J]. 河北体育学院学报, 2013, 27（5）.

[5] 吕俊, 李佳琦. 我国国民体质监测的现状 [J]. 当代体育科技, 2016, 6（13）.

[6] 张丽娜, 王诚民, 张文波. 对国民体质健康研究若干问题的思考 [J]. 理论观察, 2015（2）.

[7] 冯泉慧. "健康中国"战略下对国民体质监测工作的思考 [J]. 当代体育科技, 2018, 8（9）.

[8] 张洋, 何玲. 中国青少年体质健康状况动态分析——基于2000—2014年四次国民体质健康监测数据 [J]. 中国青年研究, 2016（6）.

[9] 赖锦松, 余卫平. 我国青少年体质监测管理成效、问题与对策 [J]. 吉林体育学院学报, 2016, 32（4）.

[10] "健康中国2030"规划纲要 [Z]. 北京：人民出版社, 2016.

[11] 夏思永等. 民族传统体育文化传承和民族和谐社会建设关系研究 [M]. 重庆：西南师范大学出版社, 2011.

[12] 闫纲. 论体育文化的软实力作用 [D]. 河北师范大学硕士论文, 2017.

[13] 沈芸. 休闲体育与全民健身研究 [M]. 西安: 西安交通大学出版社, 2017.

[14] 赖爱萍. 运动生理学基础 [M]. 杭州: 浙江大学出版社, 2012.

[15] 王步标, 华明. 运动生理学 [M]. 北京: 高等教育出版社, 2011.

[16] 毛志雄, 迟立忠. 运动心理学 [M]. 北京: 中国人民大学出版社, 2015.

[17] 宋振华. 健身运动损伤的预防与康复 [M]. 北京: 人民卫生出版社, 2014.

[18] 毛治和. 走跑健身的原理与方法 [M]. 西安: 西安地图出版社, 2008.

[19] 国家体育总局群体司《全民健身计划(2016—2020年)》一百问 [M]. 北京: 人民体育出版社, 2016.

[20] 梅承鼎. 散步健身有讲究 [N]. 晚报文萃. 2013.

[21] 杨艺. 跑步健身类 APP 的信息传播现状研究 [D]. 西安体育学院硕士论文, 2017.

[22] 曹定汉. 走跑与健身 [M]. 合肥: 中国科学技术大学出版社, 2007.

[23] 张永茂. 跳绳运动对青少年心肺功能影响的实验研究 [D]. 成都体育学院, 2014.

[24] 刘云光. 简便有效的女性健身法——跳绳 [J]. 招商周刊, 2003(42).

[25] 李鸿江, 孙守正. 试论全民健身中健身跳的作用与方法 [J]. 北京体育师范学院学报, 1995(2).

[26] 赵晨予. 高校健美操训练的理论与实践 [M]. 北京: 北京理工大学出版社, 2017.

[27] 黄宽容.健美操(第二版)[M].北京:高等教育出版社,2016.

[28] 颜飞卫.大学健美操、体育舞蹈、排舞教程[M].北京:北京师范大学出版社,2012.

[29] 姜桂萍.体育舞蹈(第二版)[M].北京:高等教育出版社,2017.

[30] 张瑞林,王浩,陈向阳.体育舞蹈(第2版)[M].北京:高等教育出版社,2011.

[31] 矫林江.基础瑜伽[M].南京:江苏美术出版社,2015.

[32] 姜航.实用瑜伽体式汇编[M].北京:中国国际广播出版社,2017.

[33] 宋雯.瑜伽教学与实践[M].北京:北京体育大学出版社,2011.

[34] 纪长青.零基础普拉提[M].北京:北京体育大学出版社,2010.

[35] 韩俊.普拉提教程 初学到高手[M].北京:清华大学出版社,2018.

[36]《全民健身活动指导丛书》编委会.全民健身活动指导丛书 时尚健身体育篇(二)[M].西安:陕西科学技术出版社,2011.

[37] 王昆仑.高尔夫球运动教程[M].北京:人民体育出版社,2012.

[38] 赵青.沙滩排球:普通高校体育选项课教材[M].北京:北京体育大学出版社,2009.

[39] 于贵和.软式排球、沙滩排球、气排球理论与方法[M].北京:北京师范大学出版社,2015.

[40] 朱寒笑.登山和攀岩技巧[M].北京:中国社会出版社,2008.

[41] 易思婷.看图学攀岩 基础攀岩教学(修订版)[M].北京:人民邮电出版社,2016.

[42] 王佳威. 山地自行车指南：选购、调校、维护与骑行 [M]. 北京：人民邮电出版社, 2015.

[43] 程晨. 自由式轮滑教程 [M]. 北京：高等教育出版社, 2017.

[44] 陈钧. 滑冰 滑雪 游泳 运动手册 [M]. 北京：金盾出版社, 2012.

[45] 杨澜, 宋宇. 冬奥梦 冰雪情——冬季运动知识读本 [M]. 北京：中国文联出版社, 2016.

[46] 张诗雄. 乒乓球、羽毛球、毽球 [M]. 西安：西安电子科技大学出版社, 2016.

[47] 李倩. 舞龙舞狮 [M]. 长春：吉林文史出版社, 2009.

[48] 周庆海. 传统养生功法：八段锦 五禽戏 太极拳 易筋经 [M]. 北京：化学工业出版社, 2013.

[49] 徐泽. 民族传统体育发展与实践研究 [M]. 北京：人民日报出版社, 2016.

[50] 国家体育总局. 全民健身指南 [M]. 北京：北京体育大学出版社, 2018.